Les Divins

Oracles de Zoroastre, ancien Philosophe
Grec, Interpretez en rime françoise, par
François Habert de Berry. Avec un
Commentaire moral sur lesdits Zoroastre,
en poesie françoise, et Latine.

Plus, La Comedie du Monarque, et
autres petis oeuvres.

Ce que Terre produict, est subiect à trespas,
La Vertu vient du Ciel, e mortelle n'est pas.

A Paris,

De L'Imprimerie de Philippe Danfrie, et
Richard Breton, Rue sainct Jacques,
à L'Escreuisse.

M. D. Lviij.

Avec privilege du Roy.

Pierre Habert Escriuain à Paris,
aux Lecteurs.

Si tu requiers voir chose magnifique,
Ou lecturas grand consolation,
Voy Zoroastre, homme fort autentique,
Qui fut remply de grand perfection.
Icy verras mainte autre instruction
Et bons propos, pour te donner plaisir.
Outre cela tu verras à loisir
(Dont lecturas double contentement)
Les traicts nouueaux d'une Francoise Letre,
Que cy deuant Paris n'a sceu permettre
Aux bons Espvits la voir aucunement.

Vertu vault mieux que mondaine richesse.

À tresnoble & Illustre personne Monseigneur
Claude du Bourg, Seigneur de Guerifué,
Chevalier, Conseiller, & Thresorier de
France, estably à Lion, François Habert
son treshumble & obeissant serviteur, desire
salut, & felicité perpetuelle.

Celle qui peut touttes choses, Nature,
(A sçauoir Dieu) donne à sa creature
Dons differens, aux vns hautain sçauoir,
Aux vns beauté, aux autres riche auoir :
Mais ce dont plus la personne bien née
Est noblement en ce Monde eornée,
C'est la beauté en l'Esprit permanante,
Beauté qui est hautaine & eminente,
Cesse beauté exquise, & de hault pris,
(Qui nobles rend & heureux Les espuits)
Reluit en vous, voire de telle sorte
(Noble seigneur) que la palme ell'emporte
Dessus plusieurs, en Liberalité,
Et iugement plein d'immortalité,
Dont à bon droict conuient que ma Minerue
En ses escrits tel honeur vous reserue,
Que l'oeil aigu de la posterité
Iuge combien vous auez merité,
Qui ressemblez au Phenix seul & rare
Par vn destin du Ciel, qui vous separe
                                      A ij

Epistre.

Les ordes desirs d'un avaricieux
Qui l'or terrien trouve plus precieux,
Que la vertu tant noble, rare, et saincte
En vostre esprit divinement emprainte,
En ensuivant voz Maistres excellans,
Qui ont esté en France vigilans,
Au bien public, mesmes pour la couronne
Qui de voz Roys le chef digne environne.
Ce hault renom de la rare vertu,
Dont vostre sens est noblement vestu,
M'a incité de tirer hors du coffre
De ma Pallas, l'oeuvre que je vous offre,
C'est Zoroastre, un philosophe grand,
De hault scavoir, les autres enseignant,
Y fust Platon, le riant Democrite,
Y fust aussi le plorant Heraclite,
Voire tous ceux qui par l'antiquité
Ont jusqu'icy los et auctorité.

   Outre vertz morale Comedie,
Qu'à voz vertus et graces je dedie,
Où vous vertez mon introduction
D'un fort grand Roy, plein d'imperfection
Premierement, puis de grand excellence
Pour avoir craint de Mort la violence,
Bien esperant qu'en tirez plaisir
En le lisant quelque soit à loisir,
Combien qu'avec vostre honneur magnifique

Vous abondez de scauoir poëtique,
Et de scauoir encores plus exquis,
Que vous auez diuinement acquis.
Sur ce ie pry l'eternelle puissance
De voz desirs vous donner iouissance,
Puis qu'a autant vostre ordonné trespas
Prenez au Ciel cest immortel repas,
Qui est promis par l'Eternel à ceux
Qui aux vertus n'ont esté paresseux,
Ainsi que vous, plein de grace infuse
Le Mecenas des Lettrez et des Muses.

A mondict Seigneur le Thresorier.

Sonnet.

Tous les thresors du Monde ambicieux
(Tant soient ils grands) on voit deperissables :
Mais les thresors à iamais perdurables,
Sont en l'esprit, qui ha source des Cieux.
De ces thresors saincts, rares, precieux,
Vertus ne sont auares detestables
Qui ayment moins les vertus souhaictables
Que l'or caché des auaricieux.
Mais La vertu d'inestimable pris,
Qui noblement en vous son plp a pris,
Donne tel Los a vostre grand prudence,

A iij

Que puis des Roys, par immortel renom
des vertueux, flouira vostre nom,
Et voz vertus mettez en euidence.

A luy encores,

Sonnet en vers alexandrins.

Si vostre noble Esprit (qui à la republique
Aporte vtilité, sçiuur, et ornement)
Quelquefois reposer laisse tacitement
Le secret des thresors, ou vostre estat
s'applique,
Je vous supple de voir cest oeuure poetique,
Lequel ie vous consacre, e dedie humblement,
Ou pourrez receuoir quelque soulagement,
Pource qu'il est extraict d'un philosophe
antique.
J'ay vn certain espoir, O Seigneur honorable,
Que dessous vostre nom il sera agreable,
A tout oeil clair voyant de la posterité,
Et moy cueur se'siouist d'une telle esperance,
Ou peuples successeurs auront la cognoissance
Du grand merite deu à vostre auctorité.

Les Diuins

Oracles de Zoroastre, ancien
philosophe Grec.

Il fault qu'a ce ton sens diligemment pouruoye
De cognoistre e scauoir de ton ame la voye,
Et entendre le lieu duquel elle prouient,
Aussi quelque action donner au corps conuient.
A l'ordre noble e sainct, d'ou tu es descendu,
Soit par toy e reggel ton Esprit estendu,
Et tousiours eleué, ioignant à tel office
Des mots saincts et sacrez le diuin sacrifice.
D'un si sage e meure sens ta vie soit pouruue,
Que soubmise ne soit encontre bas ta veue:
Car la cheute est en terre, auec vice infini,
Tirant du lieu qui est de sept conduicts muni,
Soubs lequel, pour certain, le siege est limité
D'une non variable, et grand necessité.
Ton corps qui est mortel, et vaisseau faict
        de terre,
Sera mangé de vers qui luy feront la guerre.
Rien ne dois adiouster au Destin eternel,
Qui t'a esté prescrit, car rien du paternel
Ordre et commencement, n'ha Imperfection:

A iiij

Les Oracles

Mais la saincte pensée ou gist perfection,
(C'est à sçavoir de Dieu la haute prouidence)
Ne met les veux d'aucun en perfaicte euidence
Jusqu'à ce que du corps son Esprit deslié
Tout ce qui est charnel puisse auoir oublié,
Et prononcé le mot, fichant en sa memoire
Du pere supernel la marque ou gist sa gloire.
    Tu dois soigneusement auancer ton grand
        heur
Pour du pere diuin voir la grand resplendeur,
D'ou ton ame est venue, estant enuironnee
De mainte intelligence et de sens ornee.
    Mais miserable, helas, est la vie de ceux
Qui sont trop negligens, trop froids, et paresseux
A contempler de Dieu l'excellente lumiere,
D'ou leur ame a receu origine premiere,
Sont par mauuaise vie, et par temerité
Grand reproche ilz auront de la posterité,
L'ame pour fuyr vice, ha des raisons subtils,
Qui sont par outrance à deslier faciles.
    Au senestre costé du repos, la fontaine
Expose de vertu excellente et hautaine,
Toute infuse en l'esprit diuinement repeu,
Qui en sa fermeté n'est iamais corrompu.
    L'ame de l'homme est bien de telle qualité,
Qu'elle retient en soy aucune deité,
Jamais rien de mortel, certes, elle n'embrace,

Toute impure elle est d'une diuine grace,
Extruant gloire, Honeur, & Liesse assouuie
De se sentir conioincte à Dy corps qui l'a vie.
Car veu que l'ame ainsi est le resplendissant
feu, Lumiere, & splendeur du pere toutpuissant,
Elle demeure aussi constante et immortelle,
Et de la vie ainsi dame & maistresse est elle,
Contemplant plusieurs Lieux quand elle est en
    ce Monde.
    Cherche le Paradis ou tout soulas abonde.
Garde que ton Esprit tombe à corruption
Par l'appetit du corps plein de pollution,
Et veu que l'Esprit est chose vnie & subtile,
Ne le rend gros et Lourd, pesant, & inutile.
    Mesmement pour le corps & vices preserué
Au Paradis luisant vn Lieu est reserué,
Et pourautant tu doibs auoir le soing du corps,
Le gardant auec l'ame en paisibles accords,
A celle fin que l'ame à la solution
Du corps charnel, ne tombe en molestation.
    Quand ton Esprit luisant tousiours esleueras,
Le corps foible & caduc ainsi conserueras.
    Comme l'homme excellant, Chiens qui de
      Terre sortent,
Si noble naturel de la Terre n'apportent.
    Nature nous apvent estre purs les Espris,
Et que rien de macule en iceux n'est compris,

Et nous suade aussi malice vicieuse
Produire La semence et bonne et fructueuse.
  Les peints des mortels, c'est La concupiscence
Qui sont Les titillitez oultre Leur resistence.
  Que La grandeur de L'ame Immortelle et
Divine
Tousiours en toy ou corps Les appetitz Domine,
  En elevant tousiours trutte Le Ciel Les yeux
De ton Espoit rassis, divin, et precieux.
  O Creature humaine, O noble Creature?
O artifice grand faict des mains de nature?
En me nommant ainsi, verras sans contredict
Que cela des Long temps de l'homme fut predict,
Car du hault Ciel voulte La grand
architecture
De L'oeil humain n'est veue en sa propre
figure.
  Les Estoilles aussi qui par le Ciel s'espandent,
Leur clairté naturelle à l'oeil humain ne rendent.
La splendeur de la Lune à noz yeux n'apparoist
Comme parmy les Cieux resplendissante elle est.
  De tous Les Elements La Terre plus pesante
En sa pureté n'est à nous apparoissante.
  Ne t'estime donc voir de Nature L'image
De voir Le corps visible uni d L'ame sage,
Ignorante de fraude, e qui divinement
Du feu clair, qui est Dieu, ha son gouvernement.

Lors que tu auras veu reluire en lieu diuers
Ce feu sainct sautellant par le Monde vniuers,
Enten du feu la voix & puissance éternelle.

De ce seul Toutpuissant la bonté paternelle
Aux ames a enté vne marque et Enseigne
Qui à perfection le chemin leur enseigne.

Il te conuient scauoir la chose intelligible
Hors de l'intelligible estre, ce n'est pas possible
De bien la conceuoir sans les graces d'en hault,
Ou éleuer tes prix sans cesser il te fault.
La chose intelligible est Dieu certainement
Que l'on doibt conceuoir & pur entendement.

De ce feu éternel qui le Monde illumine,
Toutes choses ont pris leur estre et origine,
Et ce pere diuin (sans lequel rien n'est faict)
A tout diuinement accomply et parfaict,
En faisant apparoir sa grand beneficence
A tout homme, apres luy seconde intelligence,
Lequel pere diuin par loy dict coustumiere
Humaines nations appellent le premier.

Par le pere éternel les pensées conceues
Sont à l'effaict aussi de conceuoir receues.

Esprit, lecteurs de l'ame experts et entendus
Tousiours saincts et constans sont au Monde
        espandus.

Ce pere Toutpuissant, qui regne aux Cieux
        supremes,

Les Oracles de Zoroastre.

De tout, comme plus grand, s'est exempté
soymesmes.
Et en tout autre Esprit, de moindre dignité,
Il n'a mis La grandeur de sa diuinité,
Et Luy qui est benin auec puissance forte,
Non à craincte, mais bien à espoir nous exhorte.

Fin des Oracles de Zoroastre.

Comentaire

moral et sainct sur lesdicts Oracles de
Zoroastre Philosophe Grec.

Certainement ceste Philosophie
De Zoroastre, amplement edifie
Les sens humains, pour cognoistre et sçauoir
Les biens de L'ame, et pour notice auoir
Des dons de Dieu de puissance éternelle,
Et Createur de nostre ame Immortelle,
Mise en ce corps, pour faire son office
En exerceant Le diuin Sacrifice
Qui est compris au Verbe du Seigneur
Dieu tout puissant, de L'ame gouuerneur,
Ce que pouuons par Zoroastre apprendre,

Et par ses dicts la dignité comprendue
De nostre Esprit rarement precieux
Que nous debuons tousiours leuer aux Cieux,
Et ne ietter contre bas nostre veue,
A celle fin que nostre ame pourueue
Ne soit de vice et de corruption,
Souffrant le corps auoir pollution.
Les appetis auquel dominera
L'homme prudent, qui se gouuernera
Selon l'Esprit, sachant que ce debile
Corps, et vaisseau faict de estre fragile,
Comme mortel, doibt tomber à l'enuers,
Et sera faict nourriture des vers.

   Il ne conuient que nostre ame adonnee
Soit, à vouloir rompre sa Destinee,
Car (comme dict Zoroastre) en effaict
De l'Eternel par rien imparfaict
N'est pourueu, ce que semblablement
A recité sainct Jaques sainctement,
Disant que tout du pere de lumiere
Parfaict descend, mais Dieu, qui est premiere
Intelligence en souuerain pouuoir,
Ne permet pas à l'ame receuoir
Felicité, iusq' à ce qu'elle oublie
Tout le charnel, et du corps se deslie,
Pour contempler en toute pureté
Soy Createur de haulte Maiesté.

Commentaire moral.

Ou nous debuons par le mesme conseil
De Zoroastre, auec soing nompareil
Tous aspirer, pour la splendeur diuine
Voir du Seigneur, qui nostre ame illumine,
Et d'ou nostre ame experte et entendue
Par le diuin vouloir est descenduë;
Sont les malins de Dieu sont reprouuez
Qui paresseux, & trop froids sont trouuez
A contempler ceste lumiere grande
Du Toutpuissant, qui aux hommes commande
De reuerer sa grandeur admirable.

Ce hault Facteur, diuin et venerable
A mis en nous vn Esprit, reuestu
D'une bien forte expresse vertu,
Et (comme dict Aristote) combien
Que d'appetis communs au corps terrien
Il soit vestu, il garde sa nature
Incessamment incorruptible et pure.

L'ame de l'homme ha telle auctorité,
Qu'elle ha en soy vn peu de Deité,
Car estant faicte à l'exquise semblance
De Dieu viuant, elle ha bien cognoissance
D'estre enpuree et pleine de l'odeur
Des biens diuins, et de la resplendeur
De l'Eternel, duquel elle tesmoigne
Les haults biensfaicts, & n'ha point de vergoigne
D'ainsi se voir ioincte à vn corps mortel

Qui prent vigueur par l'Esprit Immortel,
Voire bien fort elle se glorifie,
Et humblement les bienfaicts gratifie
De son autheur, dont la chose immortelle
Est sainctement conioincte à la mortelle.

   Voela pourquoy Zoroastre est apris
De mettre l'âme en grand honeur et pris;
Nous enseignant qu'elle prent origine
De la puissance eternelle et diuine
En Createur et Pere Toutpuissant,
Et que l'âme est son feu resplendissant,
C'est à scauoir vne diuine Essence
Ayant le don de saincte intelligence,
Dont elle tend à Immortalité,
Pour ce qu'elle est d'une Diuinité
Participante, en Dieu toute rauie,
Dont il la dict Maistresse de la vie,
C'est à scauoir qu'aucun temps ne sera
Qui la vigueur de l'âme effacera.
Car ce qu'on peut nous oster et distraire,
Aucunement n'est nostre, et au contraire
Ce qu'on ne peut nous oster nullement,
Nostre sera perpetuellement,
C'est à scauoir ceste vie eternelle
Que receuons par grace supernelle.

   Ce Zoroastre aussi diuinement
En ses Escrits nous donne enseignement;

Commentaire moral

Nous exhortant à chercher Paradis.
O excellens & salutaires dicts?
Certainement ce Philosophe antique
Approche fort du sermon prophetique,
Ou nous lisons des Chrestiens l'esperance
De faire vn jour au Ciel leur demourance
Dont il conuient de Zoroastre suiure
L'enseignement et conseil, pour bien viure,
Sans maculer nostre Esprit (comme il dict)
D'iniquitez, et de crime mauldict,
Et sans gaster nostre ame incorruptible
Des appetis du vaisseau corruptible,
A scauoir est de ce terrestre corps,
Qu'il fault vnir en paisibles accords
Auec l'Esprit, et que l'Esprit domine
Tousiours vn corps, et de soy extermine
Les appetis, qui sont desordonnez,
Par sens rassis et fort bien ordonnez,
En ne laissant deuenir inutile
Nostre Esprit bon, qui est chose subtile.
   Au corps aussi de crimes preserué
Vn lieu au Ciel dict estre reserué
Ce Philosophe ancien Zoroastre,
Ce propos la ne sent son idolastre,
Encores moins son Epicurien
Enueloupé d'un sens Venerien,
Et aux mondains plaisirs mettant sa cure,

Pour

Pour ensuiuir Le conseil d'Epicure
Qui a gasté ung si grand nombre d'hommes
De son heure, voire au temps ou nous sommes,
J'ay bien grand peur qu'en meschante Onion
Plusieurs gens soyent & son opinion,
En niant Dieu, et & sa prouidence
Les saincts effaicts, qui sont en euidence.
Par ce propos & Zoroastre expert
En saincte et grand Philosophie, appert
Des corps mortelz La resurrection,
Disant qu'aux Lieux & consolation,
(Au Paradis ou L'Eternel demeure)
Est preparée au corps one Demeure.
N'est ce pas La croire certainement,
Que Le corps doibt ung iour diuinement
Resusciter? O diuine sentence?
Le Ciceron Chrestien, qui est Lactance,
Refute assez ces Epicuriens
Trop aueuglez en plaisirs terriens,
Sainct Paul assez en Verité perisse
Quand il nous dict que Le corps resuscite,
Sainct Pierre assez nous a peu reciter
Qu'en corps ung iour debuons resusciter.
Et pourtant si en nostre poictrine
Voulons garder & Jesus La Doctrine,
Ne tombons pas en ceste erreur damnable,
Et iugement faulx & abominable

Commentaire moral

De nier Dieu, et croire que par Mort
Avec Le corps L'Esprit de L'homme est mort.
Ce que nié mesmes ont Les Etniques
Qui n'auoyent Veu Les Liures prophetiques,
En espérant que suyant forfaicture,
Et gouuernez par Les Droicts de nature,
Ilz auroyent Lieu au Paradis tant beau,
Le corps estant au funebre Tombeau.

Doncques suyuant Zoroastre en son Sire,
Il fault veiller autant qu'il Doibt suffire,
A ne Lascher La bride au corps charnel,
Pour Le gaster de Vice criminel,
Et en conuient par toute Diligence
Auoir Le soing, pour en conualescence
Mieux Le tenir, affin que Les parties
Du corps mortel, soyent mieux assubiectis
Au Dueil de L'ame, et à La Dignité
Qu'elle recoit de sa Diuinité.

Et si nostre ame est au Ciel éleuée,
Mieux en sera La santé conseruee
De nostre corps, de L'ame Le vaisseau,
Car L'homme est ainsi qu'un arbrisseau
Qui porte fruict, alors qu'il Donne Lieu
A bonnes meures, et Des graces de Dieu
N'est point ingrat, et combien que La Terre
(Qui en son Sein tant de choses enserre)
Produict Les Chiens, et animaux qu'on nomme

De diuers noms, L'excellence de L'homme
Les passe tous, qui peut Leuer Les yeux
Pour contempler La grand voulte des Cieulx,
En démonstrant par sa noble excellence
Vn naturel & plus haulte apparence
Que tout cela que La terre produict:
Qui doibt en fin par Mort estre destenict,
Mais de nostre ame est La dignité telle,
Qu'elle n'est point caduque ne mortelle.

Quant aux Démons que Zoroastre dict
Espvis entiers, pour approuuer son dict,
Cela s'entend des Anges supernels,
Qui sont diuins, purs, saincts, et éternels,
Et par Lesquelz conducteurs salutaires
L'ame penetre aux celestes misteres.

Et des Mortelz Les peines recitees
Par Zoroastre, et dont sont agitees
Noz voulontez, c'est La concupiscence
Des appetis charnels prenant naissance,
Qui vient Les cueurs estroictement Lier,
Mais Les prudens s'en peuuent desiier,
En preuoyant Le conseil fort honneste
Dont ce predict autheur nous admoneste,
Alors qu'il dict de L'homme Le grand heur
De contempler de L'ame La grandeur,
Et de Leuer Les yeux et La pensee
Enuers Le Ciel. O personne insensee,

B ij

Regarde vn peu ceste admonition
D'vn Philosophe, ou gist saluation,
Leue les yeux au Ciel, non contre bas,
Ou l'on ne voit qu'impudiques esbas.

  Considerant Nature presidente
Auoir donné vne forme excellente
A l'homme noble, & qu'il ha la notice
Que de nature il est sainct artifice,
Sçauoir de Dieu l'image & le pourtraict,
Si son Esprit est de vices distraict.

  Mais ne pensons qu'en voyant la visible
forme de l'homme, on puisse l'inuisible
Image voir de ceste ame cachee,
Qui n'est de dol & de fraudes tachee,
Car si des Cieux la vraye architecture
Par l'ocil charnel en sa propre figure
Ne se peut voir, si de la Lune belle
On ne peut voir la splendeur naturelle,
Si l'ocil ne voit les Astres precieux
Resplendissant ainsi qu'ils sont aux Cieux,
Et si la Terre aussi, la plus pesante
Des Elemens, n'est pas apparoissante
En propre forme & vraye pureté,
Nostre ame aussi (à qui la maiesté
Du Toutpuissant, à donné tant de bien)
N'est apperceue à l'ocil qui est terrien,
Ne la beauté diuine, tant louee,

Dont le Recteur souuerain la douce.

    Et pourautant (Zoroastre le dict)

Quand auront eu ce pouuoir et credit

De contempler ce feu luisant et monde,

Claire et tressainct, sautellant par le Monde,

Oyont la voix de ce feu supreme,

Signifiant le nom de l'Eternel,

Car comme on voit estre ardente la flame

Qui promptement ce qu'elle attainct, enflame,

Le Verbe sainct, qui de tout est vainqueur,

Peut penetrer les hommes iusq'au cueur,

Pour contempler les graces et bienffaicts

Que l'Eternel par son fils nous à faicts.

    Certainement ceste Essence premiere,

Ce pere, seul donateur de lumiere

(Dict Zoroastre) aux ames à enté

Certaine Marque, et certain seau planté,

C'est à scauoir image intelligible

Pour conceuoir maint secret inuisible,

Et pour scauoir les essences des choses,

Et les raisons en Deité encloses.

    Ce Philosophe, intelligible appelle

Ce hault Recteur de puissance eternelle,

Seul excellant, et de qui le pouuoir

Nous ne pouuons nullement conceuoir,

fors par la part dedans nous la meilleure,

La fleur du sens, qui en l'Esprit demeure,

              B iij

Commentaire moral

Ce que disoit Ouide heureusement,
Quand de L'Esprit il parloit saindement
Disant ainsi en Dieu dedans nous gist,
Qui nous enflame et tous noz sens regist,
Ce feu boillant en nous par vehemence
Retient d'Esprit vne saincte semence.
Et comme mieux sainct Paul L'escrit pour tous;
Incessamment L'Esprit prie pour nous,
Dedans Le corps gemissant à toute heure
Pour voir Le Ciel sa premise demeure.
  Quand Zoroastre expert et entendu
A dict que tout d'vn feu est descendu,
Cela s'entend d'vne supreme essence,
Et d'vn seul Dieu d'invincible puissance,
Qui à créé Le Ciel, La Terre aussi,
Ayant pour nous d'vn paternel souci,
Faict toute chose, et que Les nations
Nomment premier, ses operations
Sainctes on voit, parfaictes, admirables,
Ses faicts haultains, grands, et incomparables.
  Auquel auons formes intelligibles,
Pour conceuoir ses secrets indicibles,
Et qui aussi noz pensees concoit,
Et Le dedans de noz cueurs appercoit,
Et sans son sceu (Dieu nous Le manifeste)
Ne tombe vn seul cheueu de nostre teste.
  Par Les Secteurs remplis d'intelligence

Qui sont compris en la docte sentence
De Zoroastre, entendons les Esprits
Bons, immortels, et qui n'ont point appris
De varier, leur vertu éminente
En pureté est tousiours permanente.

Quand il escrit que ce père supresme
S'est exempté, et divisé soymesme,
Et qu'aux Esprits de moindre dignité
Il n'a enclos sa grand Divinité,
Certes cela estoit bien raisonnable,
Et à sa grand maiesté convenable,
Veu que sans fin il est commencement,
Et vn seul Dieu, qu'il est semblablement
Autheur de tout, Createur du grand oeuvre
Du Ciel vousté, qui toutes choses cueuvre,
Et par lequel tout a esté parfaict,
Et sans lequel il n'a rien esté faict,
Et qui au Ciel est bien d'autre figure
Que le mortel painctre ne le figure.
Et veu qu'il est père, ayant surmonté,
Tous les vivans, d'une saincte bonté,
Et seul autheur de toute chose bonne,
Espoir à l'homme et non craincte il ordonne.
Doncq les poincts de ce Grec enseigneur
Et philosophe, ou de nostre Seigneur
Nous pouuons voir la grandeur reuerée,
Et l'espoir bon de nostre ame asseurée,

B iiij

Commentaire moral sur Zoroastre.
Qui tend au Ciel, pour voir son Createur,
De bien et mal le remunerateur.
Tirez du miel des Escrits fort Louables
De Zoroastre, o Lecteurs amiables,
Et bons Esprits, ou sur mes vers Latins
Mettez voz yeux, pour tant soit que matins
Louez de Dieu l'infinie puissance,
Qui rien de nous ne veult qu'obeissance.

Idem commentarius, carmine heroico
redditus ab eodem authore.

Humanas sanctæ ista montem oracula
mentes,
Vt bona percipiant animæ, summúmque
Tonantem
Cognoscant, qui cuncta potest, nostrámque
creauit
Immortalem animam, & tereno corpore clausit,
Officio ut perfuncta suo, summum ore parentem
Excoleret, sacra verba ciue, mandatáque seruans.
Quámque sit insignis, quam clarus, Lucidus,
ingens
Spiritus humanus, late hæc oracula monstrant.
Tandia quem sit fas ad sidera tollere semper,
Nec nostrum in Terræ demittere viscera
vultum,

Ne tetra animae noceat corruptio, neue
Delicium nostrum possit sordescere corpus.
Corporis at sordes poterit frenare probatus
Vir, pius, et prudens, quem ducit spiritus, et qui
Hoc dat tetrum, fluxumque et debile corpus
Scit fore tetrenis aliquando dentibus escam.

  Ne fatum liceat nobis augere, monemur,
Nam quis decreto diuino obsistere possit?
Omnipotensque pater nulla imperfecta reliquit.
Sed numeris impleta suit cuncta ille creauit.
Diuus et hoc sancta est Iacobus voce loquutus,
A patre perfectum cum Luminis omne profectum
Donum, inquit, sed mente patris omnipotentis, id
    nunquam
Haud animae munus concessit, vt illa supernis
Diuitiis plene, et diuina Luce fruatur,
Donec tetreno se ducta e corpore, quidquid
Tetrenum est, oblita, dei, qui condidit illam,
Synceram possit formam, vultumque tueri,
Adspirare omnes quo nos et tendere fas est
Omnibus et nernis, et cunctis viribus, et nos
Splendorem aeternum possimus attingere, cuius
Semper erit, semperque fuit suprema potestas.
Quique suo splendore animam illustrare benignus
Dignatur, simul vnde anima haec illapsa
    videtur.

Verum infoelici fateamur sidere natos

Commentarius

Atque Deo inuisos, qui non conamine toto
Nituntur, tandem ut videant hoc nobile lumen
Eximiumque, ingens, tenebris delebile nullis,
Splendoremque patris summi, qui nos iubet huius
Excolere immensum, sanctum, ac venerabile
    Numen.
Omnipotens Rex ille hominum, qui condidit orbem,
Infudit nobis animam virtute potentem,
Eximia, illa etenim quamuis agitata feratur
Huc, illuc, vario affectu cum corpore mixto,
Incorrupta manet virgo, diuinaque seruat
Munera naturae, quod sancto numine ductus
Inquit Aristoteles. anima haec tam clara refulget,
Diuina ut quadam e certa pietate nitescat.
Nam quod ad effigiem summi genitoris, et altum
Formata exemplar fuerit, cognoscere summum
Rectorem illa potest, sanctorum e odore bonorum
Ebria, testatur summi benefacta parentis,
Aeternumque Dei, qui condidit omnia, Lumen.
Nec turpi esse potest aliquo perfusa rubore,
Quod fluxum corpus, quod vas sit nacta
    caducum,
Cui se se herentem agnoscat, quod sentiat ipsum
Ex immortali mortale haurire vigorem,
Authorique suo grates agit undique dignas,
Quod numeris compacta suis mortalia cernat
Tam bene cum fixis ac immortalibus esse.

Sic Zoroastrum (non fallit opinio) qui tam
Nostre anime fauœat, tantumq3 imponat 3pnouem,
Sancta quod illius, quod sit celestis origo,
Quodque 3cum artificem, authorem quoque
    sentiat illum
Omnia cui partuœ, & quod sit Lucidus ignis
Spiritus ille 3pminum, seu mens diuina, nec ullo
Tempore mortalis, 3citas cui infusa cohœret,
Quam dominam vitœ ille vocat, quod nulla
    futura
Est, actœ, possit quae anime delere vigorem.
Nanque adinti nobis aliquo que tempore possunt,
Haud nostri hœc iuris, nec nostra vocaueris, atque
Collœ nemo potest, iuris sunt omnia nostri,
Vt sunt bona aniœe, vita immortalis, ab illo
Que sedore datur, cui rerum est summa potestas.
Querere si rœras Greco hoc authpue monemur
Et se deis, quas nemo subit, nisi pedore puro.
Quam sancto sophos antiquus sermone Loquitur?
Ille quidem sanctos imitatur voce prophetas,
In quorum scriptis spœs hœc immota vidœtur
Qua sunt Christicolœ infusi, vt lucentia cœrnant
Sidera, & aeternas possint imiscœre sedœs.
Iam Zoroastri moralia dicta sequamur,
Sobria prestantœs humanœ pabula vitœ,
Ne maculis noster sordesœat spiritus dollis,
Expœrs sitque doli, frandœsque perosus iniquas,

Commentarius

Quique Incorruptus, corrupti corporis omnem
Abiiciat Labem, terrenáque crimina culpæ,
Imperioque regat vitiosum ac debile corpus,
Cúmque anima, Illius studeat frenare furores
Illicitos, vt sit pax ipsis parta duobus,
Nec sinito vt tenuis crassescat spiritus vnquam
Ex male directo asciscens sibi corpore Labem.
 Quinetiam vitiis purgatum corpus, in alta
Sed Locum expectat, sic mortua membra
 resurgent.
Ex Zoroastri facile est cognoscere verbis
Non illum errores Epicuri, aut dicta sequutum,
Qui tot mortales (O pectora caeca) nefandum
Traxit in errorem, meritoq; ad Tartara misit,
Horror vbi assiduus, dirae quoque Mortis
 imago,
Perpetuúsque animae cruciatus, fletus et ingens
Nec res tuta satis quin nostro ho- tempore
 multos
Lumine privatos, Epicuri à grege porcos
Esse iuvet, Domini Imperium, Christúmque
 negantes.
Aut si voce illum fateantur, corde negabunt
et facies, vt Paulus ait, quem Lumine sancto
Afflatum, iam Christicolas nescire scelestum est.
Ex Zoroastri si verbis alta paratur
Corporibus sedes, non posse resurgere carnem.

Quis dicat? sancta illa quidem sententia sancti
Manat ab ore viri, verum et Lactantius ille
(Quem constat suaui Ciceronis melle repletum)
Hos hostes fidei sancte satis ore refellit.
Diuus et hoc Paulus manifestum reddit abunde,
Idque potest Diui verbis notescere Petri,
Qui sancto afflati debere resurgere carnem
Numine, dixerunt, quis dicta refellere possis
Illorum, quos omnipotens sacro ore probauit?
Ergo si sanctam seruare in pectore Christi
Doctrinam cupimus, ne nos hic polluat error
Spicula Crabronum superans, Hydreque
        venenum,
Nec nos esse Deum, qui condidit omne,
        negemus,
Nec cum anima corpus deleti Morte putemus,
Quod nec Gentiles, priuati Luce, putarunt,
Epicuri, Vt si naturae iura tenerent,
Perpetuas ipsi possent contingere sedes
Cum tumulata forent illorum membra sepulchro.
Vt Zoroastri sacra ergo voce monemur,
Ne sentire queat Lapatas corpus habenas,
Centandus labor est, opus idque perutile nobis,
Infandas corpus ne contrahat vndique sordes,
Incolume Vt maneat, nam sano corpore, partes
Corporeas animae melius partes videbis,
Illinc et titulo, quo se diuinitus efferat,

Commentarius

Illius et titulo, quo se divinitus effert,
Et quo effecta fuit patris omnipotentis imago.
  Quod si animus noster constans, erectus in
  altum.
Permaneat, vas hoc animae, delebile corpus,
Incolume extiterit, divino munere certe
Natus homo, est veluti cum fructu et frondibus
  arbor,
Si mores servare pios, rectosque peroptat,
Nec summi ingrato genitoris dona rependit
Pectore, nam quamvis diversa animalia Tellus
Proferat, hec hominis Longe excellentia vincit.
Omnia prona vident tellurem animantia, verum
Os homini erectum est, quod clara ad sidera tollat,
Et quo conspiciat curvum cum Lumine Celum.
Sic generosus homo, merito superare videtur
Quidquid Terra parit, morte id delebile,
  verum
Morte carens anima, ad celestia sidera migrat.
  Demonas integros quos hec oracula dicunt,
Demonas esse reor, quorum Ductricae caterna
Spiritus humanae divina arcana recludit
Ac penetrat, rebus preponens sacra prophanis.
Demonas at plures nemo negat esse malignos,
Qui sera bella movent animae, quos illa repellit
Invicto fidei clypeo, precibusque, piisque
Moribus, et Christo fuerit si tuta patrono.

Quas fophpt iste vocat vindricis carmine penas,
Carnalis crede affectus, mortalia quorum
Pectora sunt nexu longos constricta per annos.
Illorum at prudens poterit dissoluere nexum
Si Zoroastri diuina arcana sequutus,
Perpendat virtutem animæ, atqz ad sidera vultus
Erigat, o vanas hpminum & sine lumine mentes?
Eatne quid iis sanctis non vis mitescere dictis?
Erige sursum oculos, longe tellure relicta,
Lupus vbi immodicus regnat, scelerata libido,
Tetra superstitio, & radix odiosa malorum.

   Id quoque (mortales) sit vestro in pectore fixum
Quam fuerit natura opifex, quid muneris in nos
Contulerit, quam formam hpmini donasse putetur,
Egregiam certe formam, qua noscere possit
Naturam artificem, qua se dicatque, putetque
Effigiem aeterni (purgato crimine (regis.

   At cum forma hpminis carnali in pectore tantum
Conspicitur, ne te iactes spectare latentem
formam animæ, quæ pulchra latet, quæ nescia
      fraudis,
Cerni pura nequit, nisi tandem carne soluta.
Nam si celestis moles, coelique figura
Cerna nequit, qualis vere est effecta, videri
A nobis proprio si non splendore coruscans
Luna potest cerni, si non luce videntur
Sidera, fulgore eximio, hæc vt in ethere lucent,

Atque Elementa suo quae vincit pondere
Tellus,
Non aptat nobis qualem est sortita figuram,
Sic animae forma illa nequit speciosa videri
Corporeis oculis, huius nec splendor, honosque
Quo pater omnipotens illam ditescere iussit.
  Subsilientem igitur sacrum si aspexeris ignem
Undique, id est summum cui parent cuncta,
Conantem,
Audi vocem eius, nempe insuperabile verbum,
Nam velut ardescit, quae & novat omnia, flamma
Quae semel attigerit, sic pectora nostra
calescunt
Caelesti verbo, sacro et sermone calenti
Omnia Luminibus benefacta reponimus aequis
Quae genitor summus per Christum contulit
in nos.
  Mens suprema quidem haec est Deus
optimus, ingens,
Donator Lucis, summi Dominator Olympi,
(Si Zoroastri fas est applaudere dictis)
Inscuit nostris animabus symbola, multo
Quae splendore micant, & certa insignia mentis
Clara, quibus noster coelestia spiritus audet
Concipere arcana, & Deitatis cernere numen.
At numen summi Regis cui immensa potestas,
Concipere haud possis, animi nisi flore potentis,
Hoc

Hoc est parte hominis meliore, et robore
mentis.

Spiritus ille hominum est, diuine Lucis amator,
Qui (quod Paulus ait) terreno corpore clausus,
Dissolui cupiens, gemitum et suspiria mittit,
Pro nobisque orans, exoptat uidere se des
Perpetuas, ubi pacta domus feliciter illi est.

Cum Zoroaster mox omnia dicat ab uno
Igne profecta, Deum, per ignem intelligit
ignem,

Nam quod habet Celum, Tellus, Mare.
Lucidus Aer,

In Domino rerum penitus emanauit ab uno,
Qui Celum et Terram fecit, stellasque
micantes,

Quidquid et hec adfert, et quidquid insunt
in illo,

Quem gentes primum uocitant, et cuius honorant
Sancta opera, imperium cuius mirabile constat,
Quique intellectum nobis, mentesque beatas
Et que concipiant, et concipiantur ab illo,
Insruit, cum corda hominum scrutetur et unus,
Nec Labi a nostro credamus posse capillum
Uertice, quin summus preuideat hec quoque
rector,

Quod scriptura docet sacra, que non fallere
possit.

C

Commentarius

Quos Zoroaster lectos nominat, illos
Demonas integros, stabilésque intelligit, et qui
Vsque regant animam, quovúmque obnoxia
Morti
Est natura minus, verum Immortalis
habenda.
Denique cum summum sese rapuisse parentem
Zoroaster ait, sic purum concipe sensum:
Cum Deus omnipotens expers sit finis, et ortus,
At per sese extet, iustúmque piúmque videtur,
Vt se à Demonibus diuiscit omnibus, et non
Vllis ipse sue Lumen Scitatis, et altum
Esplendorem, purum, primúmque incluserit ignem,
Omnia qui fecit, summum testantia numen,
Et cuius verbo debetur concaua moles
Celestis, cuius pictor depingere veram
formam nemo potest, que in Celo sancta refulget.
Nam quis mortalis queat immortalia pictor
pingere? cumque alti pietas, clementia, virtus
Sit reticenda patris, cunctorum cumque bonorum
Vere syncerus nobis appareat author,
Horrendum ille metum nobis non admouet
vnquam,
At monet, et nobis fiducia firma, tenaxque
Permaneat, qua si terras emigremus in arces.
Que Zoroaster diuina arcana reliquit,
Iam pie lector habes, nostris sat Lucida Musis,

Alta quibus possit maiestas usque uideri
Illius, qui cuncta regit, quibus & bona nostre
Perspiciat anime, que summi est Regis imago,
Aethereas tandem cupiens inuisere sedes,
Auspicem, quo fausta suum uideatque, colatque.
    Vos ergo afflati mortales numine sancto,
Ex Zoroastri dictis mel sumite sacrum,
Aut mea sincero Legite hec mortalia uultu
Carmina, & eterni genitoris dicite Laudes,
Qui nihil á nobis quam purum expostulat
    usque
Obsequium, sanctasque preces, atque intima
    cordis
Vota pij, mente ergo pia ueniamus ad illum.

Commentarij in Zoroastrum
finis.

C ij

A Monseigneur d'Aubigny, Lieutenant
particulier de Coignac en Angoumois,
Sonnet, d'un poëte françois, en la
Recommandation du present oeuvre.

L'opinion jadis de Pythagore
Que Escalites servoit d'auctorité,
Cuille facond et plein de gravité
Par eloquence en renom vit encore,
Du Mantouan poëte orné sonore
Tout Helicon, Le Los et dignité,
Vostre Scavoir en tout Droicts Limité
Iuge prudent, dira pour certain ore,
Que cest Autheur faict aux doctes scavoir,
Que L'oraison, en poeticq' Scavoir
(D'un don hautain) en cest oeuvre il assemble,
En ses doux vers c'est Le mesme Maron,
En Rethorique un second Ciceron,
S'il est parfaict, qui ioinct Les deux ensemble.

Diuina Zoroastri, Græci Philosophi oracula,
quæ f. habitus in Gallicam Poesim
transtulit, et Commentariis illustrauit.

Perquire animæ ductum, unde, quónam ordine
    Nauata corpori opera.
Ad ordinem unde manasti
Cursus exigaris, opere uilibis sacro sanctis
    adiuncto,
Ne deorsum ruas, precipitium in Terra
    substernitur
E Loco trahens septem meatibus predito, insea
    quem gravis?
Necessitatis solium est.
Tuum uas sere Terra habitabunt.
Ne fatum auertis,
Neque enim à paterno principio imperfectum
    quicquam uersatur.
At uero non admittit eius uota mens
    paterna,
Quoad dum exierit obliuionem, atque uerbum
    prompserit,
Memorie insignens sacram patris tesseram.
Adspirandum tibi, propterandumque ad Lumen,
    et Patris splendores;
Vnde immissa tibi est anima, plurima mente
    circunscripta.

                              C iij

Divina Zoroastri Oracula.

Hos autem Terra deplorat ad vsque posteros,
Eppulsos animæ ac per quos respirare sit
integrum, solutu sunt faciles.

Leuo in Latere cubilis, virtutis sons

Intus totus manet, virginitatem minime
proijciens.

Anima hominum Deum quadam tenus in sese
cogit,

Mortale nihil complexa, tota diuinitus
inebriata est.

In harmonia gloriatur sub qua corpus vitale
sit

Quoniam anima, cum sit ignis patris Lucidus,
Et Immortalis permanet, et est vitæ domina.
Eadem mundanorum quoque sinuum multos
numeros possidet.

Quære Paradison.

Ne spurces spiritum, nec vé planam adaugeas,
Est et Idolo Locus in regione splendida,
Sed nec materiale corpus præcipitio dedat.

Ne exagites, voti ne quid incommodi perpetiatur.
Si mentem ignitam exerceis, fluxum alioqui
corpus seruabis.

E finibus Terræ prosiliunt minus verum
Signum ostentantis mortali homini, canes.
Natura suadet Dæmonas esse integros,
Ac vitiosæ materiæ gramina frugi atque proba,

Pene mortalium vinctricis.

Primas in te vendicet immortalis anime
    altitudo.

Oculosque pariter

Omnes sursum versum erige.

O nature summo presidentis artificium

Quod si mihi sepiusculo dixeris,

Omnino dictum cernes.

Nam neque celestis, eademque curua mole
    visitur.

Stelle nunquam colluctu,

Lune lumen conditum est.

Terra non extitit.

Ne nature imaginem nuncupaueris

Exemplar visile.

Vndiquaque nescie doli anime

Habenis ignis extentis.

Cum spectaris citra formam vllam

Sacrosanctum ignem

Lucentem, huc et illuc subsilientem ad vniuersi
    orbis altitudinem,

Audi ignis vocem.

Symbola mens pattena animabus inscuit.

Eato scito intelligibile extra mentem esse.

Est intelligibile quod oporteat mentis flore
    perceptum.

Omnia ab vno igne profecta sunt,

                 C iiij

Quippe cum omnia pater absoluerit, mentique
    tradiderit secunda.
Quem primum appellitant nationes ypminum.
Que a patec mentes concipiuntur, eedem et ipse
    concipiunt.
Rectores intellectuales, simul et insepiles
    Mundus obtinet
Ipsum sese patec rapuit, ac ne in mente quidem
    entelligentie
Compote ignem suum inclusit.
Pater non metum sed suasionem admouet.

La Comedie du

Monarque.

Les personnages.

Le Monarque.   Pasiphile flateur.
Bon zele, precepteur du Monarque.
Sappho, femme impudique.
Bacchus.
Verité.
Atropos.

Virgilius.

Vt Venus eneruat vires, sic copia vini,
Vno manque modo vina, Venusque noceut.

Le prologue.

Nobles Esprits, qui apprestez l'aureille
Pour escouter, n'ayez ce iugement
Que nostre voie à cela s'appareille

La Comedie

Pour detracter et mesdire asprement,
La Comedie ouvrez tant seulement,
Introduisant ung Monarque honorable,
Qui delaissant le vray enseignement,
Premierement suyt volupté damnable.

  Puis ayant peur de la Mort redoubtable,
Il se repant de son forfaict inique,
Se chastiant de Bacchus detestable,
Et se liens de l'amour impudique.
Le tout est faint par sens allegorique
Ou vous prendrez plaisir (comme je croy)
Donc faictes tout silence pacifique,
Car commencer veult le Monarque et Roy.

Le Monarque commence.

Graces je rends au divin Createur
Qui tant d'honneurs me met en evidence,
Et qui me rend prince dominateur,
Ayant de biens copieuse abondance.
Sur tout cela je prise la prudence
De l'enseigneur dont j'ay fruition,
Car c'est Bon zele, homme plein d'excellence
Predestiné à mon instruction.
  O Pasiphile, à ma conception
Soyez attentif, appelle moy Bon zele

Mon precepteur, plein de perfection
Qui iour en iour sciences me reuele.

Pasiphile.

Roy souuerain, vostre seruant fidele
Ie fus, ie suis, seray durablement,
Puis qu'il vous plaist que Bon zele i'appelle,
I'accompliray vostre commandement.

Bon zele.

Ie voy venir vers moy presentement
Ce grand mocqueur, et flateur Pasiphile,
O que mon prince est veritablement
Bien abusé de cest homme inutile!
Voyla le cours de ce Monde labile,
Flateurs tousiours sont aymez à la Court,
Et sont prisez plus qu'vn conseil vtile,
Que y seroit on? cest le Regne qui court.

Pasiphile.

Ie voy Bon zele, aller vers luy tout court
Il me connoit selon mon entreprise,
Il ne me fault estre subtil ou lourd
En mettant fin à ma charge entreprise.
Seigneur Bon zele, en scauoir que l'on prise,
Ce prince grand dont estes precepteur,
Veult que par vous ores peine soit prise
D'aller vers luy, comme son Instructeur.

Bon zele.

Le Souuerain, celeste Redempteur

Vueille garder ce Prince debonnaire
De tout ennuy de ce Monde menteur,
Son seruant suis, ey tout Luy veulx complaire,
Allons vers Luy, voicy l'heure ordinaire
Que i'ay appris de Luy faire Leçon.

Pasiphile.

Ie ne m'en chaut, mais que ie puisse faire
Vn bon repas, oyant des platz Le son.

Bon zele.

Ie te souuien tousiours de ta chanson,
Qu ventre plein tu fais ton Dieu et maistre,
Garde tu n'as d'engendrer marrisson
Quand trouueras bien à boire et repaistre.

Pasiphile.

Allons, allons, ie voudroye desia estre
En La maison du prince mon Seigneur,
Si Dieu m'eust faict vn riche prince maistre,
I'aymeroye mieux Le repas que l'honneur.

Le Monarque.

Voicy mon boy et fidele enseigneur,
Prester me fault l'aureille, pour l'entendre,
Car ie ne scay plus sage gouuerneur,
Pour La grandeur & ma noblesse apprendre,

Bon zele.

Prince d'honneur, que ie desire rendre
De plus en plus esprouué de Scauoir,
Dieu vous maintienne en santé pour comprendre.

Les grandz vertus que doibt vng Prince auoir.
Le Monarque.

Soy de Monarque, aise suis de vous voir,
Bon zele sage, honeste, et bien apris,
Car iour en iour, ie desire scauoir
Les biens, qui sont en grand vertu compris.
Bon zele.

Escoutz donc O prince de hault pris,
Car à vng Roy vtile est la science.
Le Monarque.

Ou poursuiutz comme autz entrepris,
Car des vertus me plaist l'experience.
Bon zele.

Je vous ay mis tousiours en apparence
Ceste excellente et diuine vertu,
Dont vng Monarque et prince d'excellence.
Doibt en tout temps auoir l'Esprit vestu,
C'est à scauoir que de ce combatu,
Il se maintienne en ouoidure et iustice,
Honneurs mondains ne prisant vng festu
Sil n'ha en soy de vertu l'epercice.
　Car la vertu est le moyen propice
Que les grandz Roys augmentent leur
　　　pouuoir,
La vertu est des richesses tutrice
Et des grandz biens, qu'ung prince peut auoir.
Vous Seluz donc de vertu vous pouruoir,

La Comédie

Qui le renom des Princes éternise,
A celle fin qu'on puisse appercevoir
Que le Seigneur du Ciel vous favorise.
  Tous voz maieurs lesquelz on loue et prise,
Par les escrits de sage antiquité,
Suyvoient vertu par sapience apprise,
Chassoient le tort, ambrassoient équité,
Ilz ont vescu en magnanimité,
Dont insg'ice en florist la memoire;
Ne voulez vous en mesme dignité
Aux successeurs espandre vostre gloire?

Le Monarque.

  Vostre raison est clairement notoire,
Car mes maieurs sont en bruict florissant,
Leur corps est mort en ce bas Territoire,
Mais leur renom n'est pas deperissant.
Donc à voz dicts veulx estre obeissant,
Pour ambrasser la vertu et l'ensuivre,
Si le plaisir est tel du Toutpuissant,
Avec vertu ie veulx mourir et vivre.

Bon zele.

  De tout ennuy mon cueur est à deliure
Quand ie vous voy en ceste voulonté,
Mais gardez vous de Bacchus, qui enyure
Les sens humains, tant il est deshonté.
Jadis il a maint grand Roy surmonté,
En le rendant à tous vituperable.

Gardez vous donc d'estre pris et dompté
Par ce Bacchus seducteur execrable.
  Fuyez aussi de Venus detestable
Les folz attraictz, et soyez bien recordz
Que Venus est bien autant dommageable
Que ce Bacchus, à la vigueur du corps.
Fuyez les deux, car par ung accords
Ilz sont nuisans à toute creature,
Mesme à ung Roy, qui loing de tout discordz
Doibt estre chaste et sobre par droicture.

  Puis vous avez espouse chaste et pure
Pour enfans beaulx et nobles, d'elle avoir,
Sans vostre lict contaminer et ordure,
Ne concubine infame recevoir.
D'ung prince grand voyla le vray debvoir.
Dieu a voulu que la cure ie prinse
De vous instruire, et faire concevoir
Ce qui convient au magnanime prince.

            Le Monarque.

  Bien heureux suis d'avoir en ma province,
Ung tel conseil, pour bien me gouverner,
Veu que ie suis d'auctorité moy mince,
Il me convient en prudence regner.
Amy, bon zele il fault vous guerdonner
Long temps y a qu'estes à mon service.
Sur eulx le chef ie vous veulx ordonner
Qui ont de moy charge, estat, et office.

La Comédie

Bon zele.

Graces vous rey & ce vouloir propice
Prince trescher, que iapprouve humblement,
Dieu m'a pourueu d'un fort grand benefice
Que i'ay toustours & peu contentement.
Si vous viuez fort vertueusement
En ensuiuant mon conseil veritable,
Ie ne demande à Dieu tant seulement
Que mon conseil vous soit bien proffitable,

Sapphy.

Au Monde est il chose plus delectable
Que d'exercer le plaisir de Venus,
Plaisir si grand, si doux, & amiable,
Dont maints amants heureux sont deuenus?
Ie croy que nom, car si bien sont cognus
Tous les plaisirs de la flame amoureuse,
De moy Sapphy propos seront tenus
Comme de femme excellente & heureuse.

Fy de beauté qui est trop langoureuse,
En chasteté prenant tousiours son pli,
follastre amour est bien plus sauoureuse,
Quand doucement son œuure est accompli.
Vous amoureux, voytz, ie vous suppli,
Ma grand beauté qui de graces abonde,
Roy n'est viuant, & chasteté rempli,
Qui me voyant, à m'aymer ne se fonde.
Aymer ie veux vn Monarque en ce Monde,
Donr

Pour m'enrichir de ses biens precieux,
S'il m'apparcoit tant belle,exquise et monde,
En contemplant la grace de mes yeux,
En admirant mon maintien,gracieux,
Mon doulx parler,iestime sans doubtance,
Qu'il n'aura rien plus cher dessoubz les Cieux
Que de Sappho l'amoureuse acointance.

   Parquoy conuient que oultre luy ie m'auance
Pour l'aueugler de ma mondanité,
Bien, qu'il soit sage et remply de constance,
Bien qu'il ait maistre,ou ait maturité
Pour estre instruict,voire si exaité
Vient en personne à luy monstrer sa voye,
Il ne sera pour moy, moins incité,
Pourueu que tant gracieuse il me voye.
          Bacchus.

   J'ay en mon cueur tousiours soulas et ioye
Quand pres de moy i'ay les frians morceaux,
Il ne me fault de plus,mais que i'oye
Que tousiours pleins de vin sont mes vaisseaux
Boire d'autant,remplir flaccons et Ceaux,
Manger iambons, aualler chair sallee,
Et m'engresser comme sont les Porceaux,
Voyla comment ma vie est consolee,
   Si voyt on bien ma louange extollee
Quand ie produy l'excellente liqueur
De ce Nectar , liqueur emmiellee,

                                 G

Liqueur & Vin resiouissant Le cueur.
Si me croyez estre quelque mocqueur,
Vous vous trompez, regardez moy en face,
Je suis Bacchus, il n'ha au Monde
    qu'heur,
Qui comme moy de boire ne se Lasse.
  Je suis Bacchus, La tant antique race
De Juppiter, ie suis Le gros Bacchus,
Bons bibbrons me suiuent à La trace,
Je fay venir La guerre entre bas culs.
On ne vciroit, sans moy, tant de cocus
Autres que ceux qui sont sur La Samce,
A bref parler, par moy furent vaincus
Jadis maints Roys d'auctorité famee.
  Mais que me sert ma haulte Renommee,
Si ie ne mets à execution
Ma grand puissance en tous Lieux Renommee
Sur quelque Roy & grand possession?
Or i'en scay vn par admiration
Riche, excellant, & sublime pouuoir,
D'aller vers Luy c'est moy intention,
Je Luy feray ma puissance scauoir.
        Sappho.
  Comme ie puis assez appercuoir
Je suis bien pres du Monarque honorable,
Je m'y en voys, ie commence à Le voir,
O combien m'est sa personne agreable?

Pasiphile.

Sire, voicy quelque Dame Louable,
Qui vient veoir vostre magnificence,
Sa beauté est grande & incomparable,
Je croy qu'elle est d'une noble naissance.

Sappho en saluant Le Monarque.

Vostre Renom est de telle puissance
Prince d'honneur, que pour vous honorer,
Je vien vers vous, car j'ay La cognoissance
Qu'a tout humain ie vous doy presterer.
Et n'ay desir sinon de demourer
Auecques vous, & voz graces rauie,
Car ie vous veux de ce bien asseurer
Que d'autre aymer ie n'ay aucune enuie.
Vostre grandeur à cela me conuie,
Vous, & ma part aurez contentement,
Vostre seray Le surplus, de ma vie.
Pour vous donner plaisir, esbatement,
Pour vous donner Le vray soulagement
Que m'a apvis La belle Eptherce,
Qui ambrassoit Adonis doucement
Quand auec Luy elle estoit retiree.

Le Monarque.

Je ne scay pas qui vous à attiree
D'ainsi m'offrir vostre amitié honneste,

D ij

Mais ma pensee est ailleurs retiree,
Vostre beauté toutesfois m'a amoneste.
Ah ie cognoys ceste amour deshoneste
Estant l'Espoux de Royne de hault pris,
Puis par Son zele homme de vertu nette,
Et selon Dieu t'en seroys fort repris.

Sappho.

Excellent prince auez vous entrepris
D'obtempérer à instructeur moins sage
Que vous, en qui grand pouuoir est compris
Pour obtenir de voz plaisirs l'usage?
Prince changez cest endurcy courage,
Car vous pouuez viure à vostre desir,
Laissez aux sots des vertus le presage,
Il n'est vertu que viure à son plaisir.

Quand vous, verrez mes graces à loisir,
Et que seray entre voz bras couchee,
Si vous auiez au cueur tout desplaisir,
Plus ne sera vostre grandeur faschee,
Quand vostre Leure aux deux miennes fichee
Prendra de moy vn baiser sauoureux,
Et que par vous sera ma chair touchee,
Sans fin de moy vous serez amoureux.

Regardez donc, Monarque vigoureux
De ne laisser telle resiouissance,
Qui vous rendra des Roys le plus heureux
Quand de Sappho vous aurez iouissance.

Le Monarque.

Sappho, bien fort me plaist la cognoissance
De vostre nom, ie suis en grand esmoy,
Que doy ie faire? Amour sa grand puissance,
Faictz seiour ce pendant auec moy.

O Pasiphile, apertement ie voy
Que son propos estoit fort veritable,
Ceste dame est tant belle, que ie croy
Qu'il me faudra armer sa grace aymable.

Pasiphile.

Prince excellant, Monarque inestimable,
Nul ne vous peut contredire en ce faict,
Vous ne serez pour ce moins redoubtable
Quand à voz veux vous aurez satisfaict.

Le Monarque.

Son doulx maintien en cent gracez parfaict,
Son entretien, sa tant douce parole,
Son beau visage, exquis, & tant bien faict,
Tout cela faict que mon cueur se console.
De grand soulas, certes, le cueur me vole
Quand ie la voy tant pleine de beauté,
Et ce qui plus encor mon cueur affolle,
C'est sa maine & douce privauté.

Vaincu ie suis & sa specianté,
Delibrant l'aymer, & luy complaire,
Et l'enrichir soubz ma grand royauté,
Bien que cela soit aux vertus contraire.

La Comédie
Bacchus.

Je voy le lieu ou ie me doy retraire,
C'est vers ce prince en richesse excellant,
Je m'y en voys pour tost à moy l'attraire,
Il me fault estre en cela vigilant.

Pasiphile.

Sire, ie voy homme, qui en pas leur
Vient saluer vostre Maiesté haulte,
Il ha le nez rouge et estincellant,
O c'est Bacchus, il n'y à point de faulte.
De grand soulas, certes, le cueur me
    faulte,
Car ie le voy garny de la Bouteille
Et de Jambon, o la personne caute,
C'est pour la soif qui souvent le resueille.

Bacchus en saluant le Monarque.

Prince, auquel la grandeur m'esmerueille,
D'autre fin vers vous ne suis venu,
Que pour compter la force nompareille
Qui est en moy, quand bien m'aurez cognu.

Le Monarque.

Hé, qui es tu? ie te tien incognu,
Je ne voy onc vne si large face.
Or moy toy nom, et ou tu t'es tenu,
Car ton regard n'est de mauuaise grace

Bacchus.

Mon nom est grand, et de grand efficace,
Je suis Bacchus en tout lieu renommé,
Aux plus craintifz donnant force, et audace,
Le dieu Bacchus dès anciens nommé
Par tout ie suis, par tout suis estimé:
Par ma liqueur doucement violente,
Car qui en boyt, soubdain est assommé,
De doulx sommeil qui à luy se presente.

Pasiphile.

Voyla mon cas, voyla ma vraye attente,
Je suis dès tiens, o Bacchus mon amy,
Car il n'y à rien qui plus me contente
Que d'estre saoul, et puis bien endormy,
Puis d'estre fort contre mon ennemy,
Batre, frapper, (o plaisant exercice)
Boire d'autant, et non point à demy,
Vivre et mourir ie veulx soubs ton service.

Bacchus.

Monarque enten, les fortz ont soubz ma lice
Vescu iadis, ce grand roy Alexandre
De mon pouvoir à receu la notice
Quand ie l'ay faict à moy subiect se rendre.
De Loth aussi vn chascun peut entendre
Aux escritz saincts, que ma main luy linra
Ce doulx Nectar ou vous debutz pretendre,
Car ce bon Loth doucement s'enyura.

Bref d'iamais mon hault renom vivra,
Grands et petis ont de moy cognoissance,
En tous endroicts vn chascun me suivra,
De ma liqueur cognoissant la puissance:
Puis ta Sappho ayme mon alliance,
Car sans Bacchus et Cerés, (comme on dict)
Froyde est Vénus en sa resiouissance,
Voyla comment i'ay vers elle credit.

Le Monarque.

Ce tien bruuage (ainsi que m'as predict)
Est il si doux, que Sommeil il procure?
S'il est ainsi, ie veux sans contredict
En boyre vn peu.

Bacchus.

Cher Prince, ie vous iure
Qu'il est plus doux que miel, oultre mesure,
Et pour cela esprouuer promptement,
Tentz, buuez, et ce ie vous asseure
Que dormiez en grand contentement.

Le Monarque buura plusieurs fois, puis
Dira en se couchant sur vn lict.

O doux bruuage, O doux allegement,
Guerre ne Miel ne semblent rien au pris,
O doux Nectar, O doux soulagement?
Douce liqueur donnant ioye aux Espris?

Certainement de sommeil suis espris,
Vien pasiphile, appareille en ma Couche,
Si que par moy soudain repos soit pris
Faire ne puis que tost ie ne me couche.

   Bacchus.

C'est faict, il n'est homme aucun si farouche
Qui endormi ne soit de mon breuvage,
Breuvage fort, qui iusques au cueur touche
Et rend subiect ce Roy, grand personnage.
Iugez, mortels, si ie porte dommage,
Ou bien proffit, au corps de tous humains,
En voulez vous plus certain tesmoignage
Que d'un Monarque endormi par mes mains?

  Je suis utile et nuisant en lieux maints,
Utile à ceux qui selon suffisance
De ma liqueur usent, aux inhumains,
Nuisant ie suis par leur intemperance,
Ce Roy n'a sceu user de temperance,
En prenant trop du breuvage ordonné,
Voyla pourquoy il se sent à outrance
De ma liqueur, qui l'a tout estonné.

   Verité.

  Ce Redempteur de vierge mere né,
Seul tout puissant, celeste, veritable,
Pour les humains en croix passionné,
Ayme celuy qui n'est point decevable,
Et un chacun luy sera agreable,

Qui sera plein de pain et charité,
C'est luy qui est mon père charitable,
Sa fille suis, qu'on nomme Vérité.

 Envers les bons j'ay grand auctorité,
Le cueur desquelz en erreur ne se plonge,
Mais les remplis d'erreur et vanité,
Sont mes haineux, comme pleins de mensonge,
Comme ambassant idolastrie et songe,
Comme suivant toute deception,
Mais les parfaicts l'esprit à rien ne songe
Qu'à esprouver ma grand perfection.

 Aux vertueux j'ay ma dilection,
Voire aux meschans (s'ilz laissent leur fallace)
Je porteray fidele affection,
Les retenant en mon amour et grace.
Et pourautant il me fault pourvoir à ce
Que ce Monarque endormi par ses dictz,
Chasse Bacchus, et Sappho, dont la face
Trop belle, l'a aveuglé de delices.

 Aller luy veux remonstrer ses malices
Par saincts, divins, salutaires propos,
Et luy donner enseignemens propices,
Pour desormais le rendre plus dispos,
Il dort, il prent ung excessif repos
Qui à son ame et corps sera nuisance
Si corrigé par crainte d'Atropos,
Il ne retient en sa force et puissance.

Bon zele.

Voyci le temps ou fault que ie m'auance
Vers mon Seigneur le Prince, pour le voir,
Et humblement luy faire reuerance
Pour luy monstrer quelque vtile scauoir :
Mais ie crains fort que pour le receuoir,
Par ieunes luy Bacchus sa voye applique,
Ou bien qu'il veille auec soy receuoir
Quelque Lais, ou Sapph'o impudique.

Je voy venir le flateur Lunatique
De mon Seigneur, Pasiphile, ou vas tu ?

Pasiphile.

Je viens vers vous, Docteur scientifique.

Bon zele.

Que faict mon prince amoureux & vertu ?
Est il tousiours & santé reuestu ?
Or moy comment sa maiesté se porte.

Pasiphile.

Bien mal, Bacchus l'a si fort abatu
Que ne l'ay veu onc dormir & la sorte.
Et ce qui plus encores le transporte,
C'est que Venus le retient en ses laqs :
Car chasteté dedans son cueur est morte
Pour sa Sapph'o, qui est tout son soulas.

Bon zele.

Ce que i'ay crainct, est aduenu, helas
Rien ne luy a serui ma remonstrance

La Comédie

Il a esté bien soudainement las
De se tenir en sobre temperance.
Allons vers luy en prompte diligence,
Pour luy monstrer combien il a forfaict,
A celle fin que pure repentance
Se dans son cueur obtienne quelque effaict.

Le Monarque en s'esueillant, et se
regardant en vng Miroir.

O que ie suis triste, palle et deffaict
D'auoir dormi tant excessiuement?
O qu'à Bacchus i'ay par trop satisfaict
Se trop complaire à son enseignement.

Pour plaisir court, ie recoy long tourment,
Et grand douleur, car il fault que ie die
Que dés le iour de mon couronnement
Vere ne fus de telle maladie.
Je perds le sens, i'ay la teste estourdie,
Je ne senti oncques telle douleur,
Et ma poictrine est si fort refroidie,
Qu'en moy ie n'ay naturelle chaleur.

Bon zele.

Ah mon Seigneur, Prince & grand valeur,
Je suis marri de vostre aduersité,
Bacchus vous a causé ce grand malheur,
Venus aussi vous a debilité.
Laissé auez vostre tranquillité,
Et le moyen ou vous tenitz mesure,

Voila pourquoy fault par necessité
Que vostre corps griefuement en endure.
    Et toutesfoit il fault que l'on procure
Vostre vigueur, et premiere santé,
Qui se fera, si de Sapphy impure,
Et de Bacchus voulez estre exempté.
                Le Monarque.

N'en parlez plus, ie suis trop tormenté,
Sapphy me plaist, quant à Bacchus infame,
Ie n'en veux plus, qu'il soit tost absenté
De ma maison, car trop il me diffame.
                Pasiphile.

Voila Bacchus dechassé, sur mon ame,
Adieu Bacchus, o dur departement?
Bacchus s'en va que par tout on reclame,
Auec lequel ie buuoir largement,
De gras iambons ie perds l'allegement
Pour carreller mon ventre, et bien repaistre,
Il m'en desplaist, mais ie voy clairement
Qu'un chacun doit obeir à son maistre.
                Bonzele.

Prince d'honneur, puis qu'auez peu cognoistre
Combien Bacchus vous est pernicieux,
Aussi debuez ypre vostre maison mettre
Ceste Sapphy de cueur tant vicieux.
                Le Monarque.

N'en parlez plus, c'est mon bien precieux,

La Comedie

Je ne la puis effacer d'oubliance,
Tant que seray viuant dessoubz les cieulx,
J'auray tousiours Sapphy en souuenance.

Verité.

Je vol la Court du prince d'excellance
Dont Sapphy a sceu le cueur penetrer,
Il me conuient luy faire reuerance,
Puis doucement sa faute luy monstrer.

Bon zele.

O combien i'ay d'heur à te rencontrer
O Verité, & dieu l'humble pucelle?
Je te supply auecques moy entrer
Chez mon Seigneur, que Monarque on
appelle.

De mon conseil il n'a esté rebelle
D'auoir chassé Bacchus & sa maison:
Mais sa Sapphy impudiquement belle
Chasser ne veult par aucune raison.
O Verité, il est heure et saison
Que ton conseil luy oste l'amour folle,
Qui son corps blesse, et sans comparaison
Son noble esprit plus tourmente et affolle.

Verité.

Allons vers luy, veritable parole
Aucunefois à l'homme est proffitable,
Verité suis qui tout homme console
Quand il requiert secours medicinable.

Bon zele en presentant Verité au
Monarque.

Puis que de moy, O prince venerable,
Ne vous a pleu Le conseil d'equité,
A tout Le moins, comme Roy raisonnable,
Prestez L'aureille à Dame Verité.

Verité.

Prince qui es en grand auctorité,
Enten à moy, Ie suis Du Ciel venue
Par Le vouloir de La benignité
Du Toutpuissant, qui m'a este tenue.

Le Monarque.

Ie suis trouble, que me seu[l]t ta venue,
Fors d'augmenter mon ennuy et tourment?

Verité.

O Roy, quand bien par toy seray cognue,
Tu en auras Dey grand emolument.

Le Monarque.

Ie t'entendray, parle donc promptement,
Mais que Sapphy de moy point ne s'absente.
I'obeiray à toy enseignement,
Car par Sapphy ma pensee est contente.

Verité.

Las, Ie cognois qu'esprit malin te tente,
O prince enten ce que tu dois sçauoir,
Le cours n'est rien de La vie presente,
On doibt plus hault son esperance auoir.

La Comedie

Dieu t'a voulu d'un grand Regne pourvoir,
Premierement pour exercer Droicture,
Puis pour tousiours chasteté recevoir
Auec ta femme honneste, chaste, et pure.
Ne sçais tu pas que par sa forfaicture
Le Roy Dauid fut blasmé aigrement
Par l'Ange sainct, et que pour telle ordure
La peste occist son peuple abondamment?

   Prince aueuglé, croy moy certainement
Qu'hommes tachez de soillure impudique,
N'auront les Cieux, ou perdurablement
Doibt viure l'homme ayant esté pudique.
Veux tu laisser ce thresor magnifique
Es Cieux hautains, qui à ceux est promis
Dont le desir à chasteté s'applique
Dessoubz les piedz ayant tout vice mis?

   Change conseil, sois en Vertu remis
Suyvant les dicts de ton maistre Bon zele,
Qui a esté pour t'Instruire commis
Pour aspirer à la Vie eternelle.
Si à cela qu'ouïs te te reuele
Tu es contraire et desobeissant,
Tu souffreiras punition cruelle
Lors que ton corps sera deperissant.

      Le Monarque.
   Tant que seray de santé iouissant,
Sappho tousiours me sera acceptable,
         J'entretiendray

J'entretiendray son estat florissant
Je la feray grand dame et honorable.
C'est mon arrest et propos immuable,
Deporte toy doncques o Verité,
Ton conseil est sainctement equitable :
Mais i'ay le cueur au contraire incité.

Verité.

O des humains la grand temerité,
Ce Roy cognoist sa detestable offense,
Et toutesfois par grand austerité
Il ne veult point venir à repentence.
O qu'il y a maint homme qui offense
En cest endroict, ses pechez cognoissant,
Et toutesfois il faict perseverance
En ses pechez, et va Dieu offensant.

Bon zele

Prince d'honneur : d'auctorité puissant,
Adioustez foy à ceste vierge saincte,
C'est Verité, d'elle rien n'est yssant
Qui ne soit bon, & fraude elle n'est ceincte,
Toute malice en son cueur est estaincte,
Gardez vous bien que poure ne consentir
A son conseil, ou gist vertu non saincte,
Vous ne veniez trop tard au repentir.

Le Monarque.

Vous perdez temps, pour vous en advertir,

C

Sapphy me plaist, c'est ma resiouissance,
Mon cueur ne peut d'elle se departir,
Elle sera auec moy demourance.

     Verité.

Puis que ie voy sa rebelle ignorance
Continuer en son premier propos,
Il est besoing que mon chemin i'auance
Vers la cruelle et hydeuse Atropos.

  Ie m'y en vois, d'un courage dispos
Pour la priez, (pource qu'elle est terrible)
Venir troubler du prince le repos
Auec son chef serpentin, et horrible.
Puis qu'il n'a creu à bon zele, paisible,
N'a moy qui suis Verité de hault pris,
Il receura vne crainde invicible
Par Atropos qui faict peur aux Esprits.

    Atropos ayant cheueux serpentins.

  Tant de fureur en mon cueur est compris
Qu'a tous humains ie suis espouuentable,
Il n'y a prince ou Roy si bien apris,
Qui me voyant, ne soit foible, et peu stable,
Atropos suis, Chimere detestable,
Chacun me craint, et moy pas à grand tort,
Car quand ie viens, suis si peu pitoyable,

Que Du Viuant ie pourchasse La Mort.

  Aux Vns soulas, aux Vns suis desconfort,
Soulas à ceux, qui ensuiuent prudence,
Et desconfort à ceux qui n'ont cueur fort
Pour en Vertu faire Leur resistence.
Ainsi Les Vns craignent ma Violence,
Quand en leurs cueurs la Vertu n'est emprainte,
Les autres ont en Dieu tant de fiance,
Que de La Mort ils n'ont aucune crainte.

  Aux Vns ie suis Vtilité non fainte
Quand ie Les fay auans La foy mourir,
Car Dieu aloué par sa clemence saincte
Maugré moy Vueil Les faict aux Cieux flouir.
Aux autres suis nuisante, quand petir
Ie Les contrains auecques Leur ordure,
(Trop endurcis, ne Voulant acquerir
Contrition, ne Vie saincte et pure.

  Ainsi aux bons ie fay plaisir qui Dure,
Et aux mauuais, perpetuel tourment.
Qui Voudra donc ne me trouuer trop Dure,
Au Monde bas doibt Viure sagement,
Sans se fier à son seul iugement:
Mais en croyant au conseil Veritable
Qui Viure faict L'Ame éternellement
Aux Cieux, ou Dieu recoit L'Homme équitable.

      Verité.

La Comédie

J'approche fort d'Atropos l'execrable,
Prier la fault de venir auec moy,
Pour de propos seure, et raisonnable
Espouuenter ce miserable Roy.
Il en aura crainde, comme ie croy,
Car Mort à tous donne crainde certaine,
Or il est temps de parler, car ie voy
En soy seiour la Chimere villaine.

Atropos.

Je m'esbahis dont Verité hautaine
Vient en ce lieu de Serpens tout rempli,
Et de son vouloir ie suis toute incertaine,
Ne quel il est, ni ou il prent son pli.

Verité.

O Atropos, parle ie te suppli,
Ne veulx tu pas quelque plaisir me faire?
S'il est par toy promptement accompli,
Je m'emploiray à bien te satisfaire.

Atropos.

Preste ie suis pour en tout te complaire,
Fille de Dieu, qui ne ment nullement,
Descouure moy la fin de ton affaire,
J'obeiray à ton commandement.

Verité.

Auecques moy il fault presentement
Que viennes voir en ton horrible face

Vy Prince grand trouble recultement,
Et que ta voix terrible pour luy face.

      Atropos.

Je le veulx bien, pour acquitter ta grace,
Marche deuant, tu me passes d'honneur,
Je te suiuray lentement à la trace
Jusqu'au palais de ce riche Seigneur.

      Verité.

Le tout puissant, vnique gouuerneur
Qui est aux siens piteux et debonnaire,
Vueille donner au Prince si bon heur,
Que de s'apprestir il se puisse deffaire.

      Bon zele.

O qu'il me doit bien grieuuement desplaire
De n'auoir sceu reduire aucunement
Ce Prince grand, ne son desir distraire
De folle amour, par moy, enseignement?
Que Verité n'a peu semblablement
Le conuertir à juste penitence.
Si ay ie espoir en Dieu si clemement
Qu'il peniendra au fonic de repentence.

Car le Seigneur plein de haulte clemence
Ha des pecheurs souuentesfois mercy,
Je le supply que sa bonté immense
En face autant de ce Monarque ici.
Las, son erreur me met en grand souci,

      E iij

La Comédie

O Toutpuissant par ta miséricorde.
Fen de ce forfait cueur plus adouci,
A celle fin qu'à ton outil il accorde.

Atropos en parlant au Monarque.

Pense Monarque d la conscience orde
Qui tient ton ame en grand captivité,
Regarde moy, et oys te recorde
De ton forfait conceu d'iniquité,
Tu as suivi prudence et equité
Bien longuement, mais la perseverance
N'a ensuivi ce moyen limité,
Car en vertu tu fais ta demourance.
En bref mourras, recoy ceste asseurance
Non en perdant le corps tant seulement,
Mais l'ame aussi en extresme souffrance
Qui durera perpetuellement.

Le Monarque.
O Dieu que i'ay en moy grand tremblement
De ceste voix, et vision mortelle?
Approchez vous de moy soudainement
Mon enseigneur et vray ami, Bon zele.
Je ne receu onc une crainde telle,
Las, c'est la Mort, O laide vision?
O face horrible, execrable et cruelle?

Mon cueur recoit humble contrition.
Je recognois mon imperfection,
Je recognois ma rebelle imprudence,
O Tout puissant plein de perfection
Tu m'as produict ma coulpe en euidence.
    Plus auec moy ne sera residence
Ceste Sapphy,qui m'a faict tresbucher,
Preferer veux honneste continence
Aux folz souhaictz et plaisirs de la chair.
Doncques mon Dieu,dont le nom ie tien cher,
Je te suppli par ta misericorde
Me pardonner,et me faire approcher
De chasteté,de paix,et de concorde.
    Quant à Sapphy,à present ie m'accord
Qu'on la dechasse ainsi qu'il est raison,
Car ie ne veux que soillure si orde
Senigne plus ma royalle maison.
O Dieu qui m'as en idoyne saison
Faict recognoistre et ma faulte et mon vice,
Graces te rey,et par humble oraison
Je te suppli d'oublier ma malice.
    Fen moy constant en ta saincte iustice
A l'entretien de paix et charité,
Graces vous rey O Bon zele,propice,
A vous aussi ma dame Verité.
            Bon zele.

                            E iiij

La Comedie

Prince excellant en haulte auctorité,
Dieu soit loué & son sainct benefice,
Dont vostre sens loing & temerité
A recogneu son charnel malefice.

Du tout puissant la saincte main tutrice
En grand santé vous vueille maintenir,
Tant que vivray, j'emploiray mon office
Pour vostre honneur garder & soustenir.

Verité.

Prince, pour donc vray salut obtenir,
Chassez Sappho, comme chose damnable,
Plus desormais ne fault la retenir,
Car devant Dieu elle est abominable.

Le Monarque.

Ainsi me plaist, Pasiphile amiable,
Mets la dehors de mon palais royal,
Vivre je veulx au lien honorable
De mariage, ainsi qu'Espoux loyal.

Pasiphile.

Ca dame, ça, le vueil imperial
M'a commandé hors ce palais vous mettre,
Sortez dehors, cherchez lict nuptial,
Sans plus d'amour folle vous entremettre.

Sappho.

O qui est cil qui t'a voulu permettre
D'ainsi chasser one dame d'honneur?

Plaindre m'en vois au Monarque ton maistre
Qui de ses biens n'est liberal donneur.

Bon zele en poussant Sappho.

Dehors, dehors, ce n'est que deshonneur
De vostre faict, Le prince venerable
Plus ne vous quiert, car ce n'est pas bon heur
D'entretenir femme vituperable.

Sappho en s'en allant hors de La
Court du Monarque.

Las, que ie suis dolente et miserable,
J'ay bien perdu ma ioye et mes esbas,
O que tu es, fortune, variable
De mettre ainsi tous mes honeurs au bas.
Fortune autrefle à bon droit tu me bas,
Car i'ay de moy eu trop de confidence
Par ma beauté qui durable n'est pas,
Mais s'en ira bien tost en decadence.
Tout mon plaisir n'estoit qu'outrecuidance,
En fardement, en diuerse dorure,
En vanitez d'excessiue abondance,
En ieux, en ris, en prodigue parure.
De iour et nuict ie n'auoye autre cure

La Comédie

Qu'a me farder par quelque intention,
Pour mieulx complaire à mainte creature
Qui à Vénus mect sa deuotion.

Chaste ne fut onc mon affection,
Cousiours m'a pleu folle concupiscence,
Cousiours tendant à ma perdition.
Sans d'un vray Dieu chercher La cognoissance,
Dames d'honeur qui viuez en plaisance,
Consyderez mon Infelicité,
De fols plaisirs Laissez La iouissance,
Peu duretra vostre felicité.

Felicité? c'est plus tost vanité,
Prenez exemple au torment que i'endure,
Ie fus iadis en haulte dignité,
Ores ie suis en peine griefue et dure.
Plaisir terrien c'est chose qui peu dure,
Honeur mondain subit son cours à prix,
Bref ce n'est rien du Monde qu'une ordure.
Ou encor plus de malheur est compris.

Donc ques humaine, soyez tant bien apris
De delaisser volupté delectable,
Suiuez L'amour qui conioinct deux Espris
En vne chair, à Dieu chose acceptable.
Chastes soyez en ce long venerable,
Sans, comme moy, ensuiuir amour folle,
Lors vous aurez Le soulas perdurable,

Qui les Espris diuinement console.

Pasiphile.

Ce grand soulas où le cueur me vole,
Le prince est sain tant d'Esprit que du corps
S'appele s'en va, mais dont ie me désole,
C'est de Bacchus, duquel ie suis recors,
Car luy et moy faisions ioyeux accors
Buuant d'autant, o perte nompareille,
Ce n'est qu'esmoy, ce ne sont que discors
De perdre ainsi la sacrée Bouteille.

Bon zele.

Fault desormais que vostre Esprit s'esueille
(Roy souuerain) en magnanimité,
Et à garder vne amytié pareille
A vostre Espouse ayant tant d'inuité.
Vous estes sain, dispos, plein d'equité,
Perseuerez en toute temperance,
Et l'Eternel qui hayt iniquité,
Tousiours sera en vous sa demourance.

Le Monarque.

Bon zele, ayez de moy ceste asseurance
Que par l'instinct du Seigneur toutpuissant
Ie me tiendray selon vostre esperance
En vertu haulte et honeur florissant,
Point ne seray (Dieu aydant) fleschissant,
Car ie cognois que pour au Ciel attaindre,

La Comédie du Monarque.

Et de salut éternir iouissant,
Il fault vn Dieu aymer, seruir, et craindre.

Verité en concluant.

Conclusion, pour les vice estaindre,
Et pour auoir l'héritage des Cieux,
Craindre il conuient l'Eternel, sans se faindre.
Et Atropos mettre deuant les yeux,
Comme auez veu par vn Roy vicieux
Non amendé du conseil veritable,
Mais seulement du regard furieux
De ceste Mort à tous espouentable.
O peuple humain qui d'excessiue table
Fais ton seul Dieu, pour bien remplir ta pance,
Et dont le cueur du Monde insatiable
Trop enpuré, rien que tout mal ne pense,
Voy que celluy qui bien et mal compense
Te damnera, si desir ne te mord
De demander pardon de ton offense
A Christ, qui faict reuiure l'homme mort.

Fin de La Comédie du Monarque.

Deploration, sur le trespas de feu
monseigneur Jean Bouchetel, Seigneur
de Sacy, Conseiller et Secretaire des
commandemens du Roy.

Si ma plume autrefois à chanté ves
Epiques,
Eglogue pastorale, ou Sonnetz heroiques,
Si par mainte Elegie on m'a veu resiouir,
Les aureilles de ceulx qui m'ont voulu ouyr,
Je ne veulx à present ce Labeur entreprendre
Pour d'un stile ioyeux quelque Liesse prendre.
Tramper ie veulx ma plume au Lac d'Aigue
Douleur,
Et qu'au lieu d'estre blanche, elle ait noire
couleur
Signifiant le Dueil que mon triste cueur
porte
De voir soubz ong Tombeau vne personne
morte,
Ceste personne, helas, dont le corps est
destruict,
Auoit assez remply la Gaule de son bruict,
Sans qu'on deust reciter par expresse Escriture
Les haultz dons qu'il auoit, & graces de nature,
Mais le triste regret du peuple pour sa
Mort

Deploration sur le trespas

Me contrainct de plorer ung tant noble homme
    mort,
Et croy, amy Lecteur, qu'en lisant l'ortographe
De son nom excellant mis sur son Epitaphe,
Auec moy espandras plus de souspirs et pleurs
Que Pomone n'auoit en son iardin de fleurs.
Las, c'est Jean Bouchetel, ce loyal Secretaire
Auquel les grands valeurs ma Muse ne
    peut taire,
Car les haultes vertus dont florissoit son
    nom
Doibuent eterniser son illustre renom.
Bourges qui fut le lieu de sa noble naissance,
Et qui de son Scauoir auoit la cognoissance,
Ayant sceu le trespas d'ung homme tant
    parfaict,
Ung si horrible cry et grand deuil en a faict,
Que toutes les forests et prochains vallets
Se font d'arbres, de fleurs, et de fruict
    despoillets.
Et les prochains ruisseaux ont augmenté
    leurs cours.
Les pleures de ses amys qui pleurent tous
    les iours.
Le trespas de celluy, qui en haulte apparence
De grand Esprit, auoit seur entre ceux de
    France,

Le Secretaire estant de Leurs commandemens,
Ey grand prix et honeur de tous entendemens.

    Aussi tost que La Mort, furieuse Chimere,
feit à ce Bouchetel sentir La poincte amere
De son dard venimeux, et que Le peuple oyant
Si piteuse nouuelle, estoit tout Larmoyant,
Et mesloit à ses pleurs Vne triste complaincte,
Des Pégasides Seurs La troupe docte et saincte
Du mont Parnasse oupt Les regrets et Doulleurs
Du peuple Baruyer, qui fondoit tout ey pleurs,
Et pource que ces Seurs anoyent tousiours prisé,
Ce noble Secretaire, et soit fauorisé
De ses doctes Escrits, à sa plume douce,
Et à sa poesie aux Gaules adouce,
Apres auoir ouy La Desolation
Du peuple regrettant telle perfection,
Elles Laissent Leur mont plaisant et Delectable
Pour toutes assister au Tombeau Lamentable
De ce corps deslié d'un Esprit precieux,
Qui desia place auoit au sainct repos Des
    Cieux,
Qui est aux bons Esprits Le promis heritage.
Allons, mes Seurs, allons (dict Calliope sage)
Voir Le triste cercueil Du noble Bouchetel,
Qui pour Viure sans fin, Laisse son corps
    mortel,
Allons ouyr Les cris de ce peuple fidele

Deploration sur Le trespas

Qui fut de nostre amy La Terre naturelle:
Allons pour consoler ses amys et parens,
Ses filles, et ses fils en honeur apparens.
Car vous scautz, mes Seurs, qu'un tel
	Esprit cupide
Fut... nous honorer, translatant d'Euripide
Et Grec en son francois les beaux tragiques
	vers
Qui au nom d'un grand Roy ont bruict par
	L'univers.
Vous scautz, ie le scay, que sa plume excellante
Tousiours au bien public à esté vigilante,
Vous scautz quel honeur par sa noble
	nature
Il à tousiours porté d La litterature,
Et de quelle faueur il à vsé vers ceux
Qui n'ont en poesie onc esté paresseux.
Donc si nous Luy auons faict honeur en sa vie,
N'ayons aprés sa Mort moins fauorable enuie,
Que de ie Mort, mes Seurs, ceux La ne
	meurent pas
Qui ont Los Immortel à L'heure du trespas.
	Soubdain que Calliope accomplie en Scauoir.
Prononcea ces propos, elle feit émouuoir
Ces amiables Seurs, & Laisser en arriere
Leur sainct Seiour, pour voir La ville
	Berruyere,

				Ou

Ou le peuple faisoit vn deuil triste & amer
Pour cest homme excellant qu'on vouloit inhumer,
Adonc ces belles Seurs sainctes,& immortelles,
Pour tost y assister,se preparent des elles,
Comme iadis alors que le saulx Pirenee
Les esproit soucer d'une amour effrenee.
Ainsi elles voloyent aussi legerement
Comme voloit iadis Mercure promptement
Lors que pour accomplir le vueil de Iuppiter,
Le Berger à cent yeulx il vint descapiter.
Donc ces belles neuf Seurs en Sçauoir
   excellantes
S'en vont parmy les Cieux legerement
   volantes,
Iusqu'a ce qu'elles voyent de Berry la Contree
Ou de Bourges leur est la ville rencontree,
Ville de grand valeur,ou les loix & les arts
Florissantes on voyt,& eu l'vn des Cesars
Feit faire(comme on dict)ceste puissante Tour
Qui de ses ennemys se defend alentour,
Ville qui est bornee aussi de maintes villes,
De chasteaux,& de bourgs,et de terres fertiles,
De riuieres d'estangs,& de coulans ruisseaux
Ou poisson delicat nagent dedans les eaux,
De vignobles aussi de Bacchus non indignes
Auquel tous sont debteurs les culteurs de
   noz vignes,

f

Deploration sur le trespas

Et sur tout d'ysoulduy la liqueur excellente
Des vins, est au pais doucement violente,
Vins pour faire banquets, & grand festivité,
Bien que ce soit le lieu de ma nativité.

Grand admiration receurent les neuf Muses
De voir de ce pais les richesses diffuses.
Si tost qu'en ceste ville ou l'on faisoit le dueil,
Elle virent le peuple espandant larmes d'oeil,
Une griefue douleur va saisir leur poictrine
Pour le dueil qu'on faisoit du père de doctrine,
Et du bon Mecenas de poësie aussi,
Du noble Bouchel, le Seigneur de Saci,
Et n'eust esté que c'est le naturel des dieux
Des déesses aussi, n'espandre l'armes d'yeux,
On eust veu tant plourer les filles de Mémoire,
Qu'on eust veu de leurs pleurs un lac
        grand, comme Loire,
Toutefois pour monstrer leurs ennuys &
        douleurs,
Elles feirent de grands souspirs au lieu de pleurs,
Et d'un habit de dueil elles se sont parées,
Pour à la sepulture estre mieux preparées.
Le peuple désolé en conduisant le corps
Mesloit aux pleurs les cris, faisant tristes
        accords,
D'autre costé la Mort espouuentable & fiere
fort se glorifioit de voir en une bierre.

Le corps par elle occis, pource qu'il eſt charnel,
Car ſon pouuoir n'ha rien ſur L'Eſprit éternel.
Le peuple Eſtrange voyant en L'Er la Mort
Tant ſe glorifier à ce noble corps mort,
Ses pleurs change en vengeance, et ſon dueil
    en grand ire
Et tous ces mots piquans à La Mort il
    va dire.

    Je m'eſbahis comment, o Laid Monſtre,
      inhumain,
Monſtre horrible, & cruel, repeu de ſang humain,
Tu es tant effrené, et plein de violence,
De touſiours faire effort d La grand excellence:
O Chimere inſenſee, enragee Atropos,
Pourquoy troubles tu tant des humains Le repos,
Te monſtrant La plus grand de toutes
    Les meurtrieres
De nous priuer ſouuent des choſes ſingulieres?
Il ne te ſuffiſt pas de mettre fin amere
Aux enfant nonneaux en du ventre de Leur
    mere;
Qui (ſils euſſent veſcu) de ſublime vertu
Euſſent abondamment en L'Eſprit reueſtu,
Mais d'ceux qui ſont fruict à vne republique
Tu fais ſentir L'effort de ta mortelle pique.
Tu Le m'as faict ſcauoir, quand par toy aſſailli
Fut ce Jaques Thibouſt, Seigneur de Quantilli,

Deploration sur le trespas

Conioinct par amitié d la personne morte
Qu'en ce triste Tombeau, pour l'inhumer on porte.
Et croy qu'a ce Thiboust tu vint oster la vie
Par l'aguillon poignant de malheureuse enuie,
Pource qu'il estoit fort liberal aux doucteurs
De l'Escrit agreable aux Parnassides Seurs.
De cela non contente O Chimere execrable
Tu rends pasture aux Vers ce corps tant
     honorable
Qu scauant Bouchtel, secretaire des Roys,
Dont reparer ce tort oncques tu ne pourroys.
Bourges auoit esté fertile et plantureuse
D'auoir produict ce fruict qui la rendoit heureuse,
Mais par ton grand outrage elle a perdu ce bien
Qui tant luy profitoit, et ne te sert de rien,
Sinon pour le monstrer Chimere furieuse,
D'espandre sang humain en tout temps curieuse,
Et pour monstrer en toy plus grande tyrannie
Qu'aux Tigres affamez qui sont en Hyrcanie,
Tu m'as rauy l'honneur du gracieux Scauoir
Auquel l'homme meschant ne veult notice auoir.
Tu m'as osté la fleur des neuf Seurs
     Pegasides.
Et le vray timem des folles Pierides.
Tu m'as priué du fruict lequel auoit produict
Bourges, belle Cité, digne d'immortel bruict,
Ainsi Moutons paissant en l'herbageuse plaine

Point ne pottent pour eux deſſus leur doz la
    laine,
Semblablement pour eux petis oiſeaux paiſſans
Ne baſtiſſent leur nid, mais pour hommes
    paſſans.
Ainſi pour eux auſſi les Beufs que le joug
    ſerre,
Ne vont roulans l'Erceau ſur la ſertile terre.
Ainſi pour leur proffit Abeilles amoureuſes
Ne font & leur doulx Miel les liqueurs
    ſauoureuſes.
Donc, o cruelle Mort, conſidere l'outrage
Qu'a preſent tu me fais par tyrannique rage.
Conſidere le tort tant grand que tu m'as faict
De me priuer ainſi d'un homme tant perfaict.
Si i'eſtoye l'Orateur dont l'Arpine ſe vente,
Ou le Grec Demoſthene en parole eloquente,
Tu entendroye & moy des mots qui valent pis,
O Chimere paſſant le venin des Aſpics
Mais ſi ma langue n'eſt aſſez prompte & actiue
Pour me plaindre & toy & piquante inuectiue,
Les bons autheurs francoys qui mes cris
    entendront,
A ta grand cruauté par Eſcrit reſpondront,
Parquoy tu recuras tel vitupere et honte
Que tu ne ſeruiras que & fable et & compte
Au peuple ſimple et bas, qui & toy eſcrira

Deploration sur le trespas

La grand iniquité, laquelle il publira
Oste toy de mes yeux, O Alecto villaine,
Qui fais mourir les fleurs de ta puante
   alaine.

Absente toy d'icy tant les soirs que matins
O maudicte Atropos, aux cheueux serpentins.
Tu m'as assez greué de m'oster au meur age
Ce secretaire exquis, tant noble personnage,
Et qui tant de faueur aux vertueux portoit,
Et les aduersitez des paures supportoit,
Se monstrant mieux aymer des vertus
   L'exercice

Quo les thresor acquis par mondaine auarice.
Assez m'as offensé, o Royne des Chimeres
De me faire sentir tant de douleurs ameres,
Me priuant de celluy par mortel desarroy
Qui tant estoit vtile à mon Gallique Roy,
Mais auec ton effort, de son ame immortelle
Tu ne triompheras, comme de la mortelle
Et transitoire chair de chasque action
Qui tombe en vn moment à putrefaction,
Et dont i'appaiseray mon dueil, comme i'espere,
C'est que ce bon Seigneur en fortune prospere
A laissé beaux enfans de si nobles Espris,
Qu'ils ne mourront encor que tu les eusses
   pris,
Et par eux mon honeur apparent, on verra

Tant que ich Bouchet le Tige durera,
Desquelz le doulx regard et gracieuse fourme
Aux diuines vertus du pere se conforme,
En demonstrant lts sont de leur perfection
Auprés de l'œil royal, par admiration
Ou de leur vertu haulte et grace bien aymee
Immortelle sera la noble renommee.
Le peuple Berruyer tous ces regretz faisoit
Quand la cruelle Mort (qui adonc s'amusoit
A escouter lts criz de ce peuple si dele)
A faict sortir ces dicts de sa bouche cruelle.
　Je ne m'esbahis point si auec triste habit
Qu'on porte par coustume au lamentable obit,
O peuple humain par trop endourmy en tenebres
Tu fais vn si hault cry en tes pompes funebres,
C'est faulte d'approuuer l'ordonnance de Dieu,
Qui ceulx qu'il ayme mieulx, de ce terrestre
　　lieu
Tire tousiours à soy, pour monstrer que ce
　　Monde
Au pris de son Seiour, de vray plaisir n'abonde.
Le plaisir terrien passe comme fumee,
Ou comme seche paille en cendres consumee,
Mais le plaisir d'enhault dure eternellement,
Que Dieu promect aux bons viuans
　　sidelement.
En ce diuin Seiour sont plaisirs delectables
　　　　　f　iiij

Deploration sur le trespas

Plus qu'on ne voyt au Ciel d'estoilles
    agreables,
De cet plaisir divin il conuient estimer
Le nombre estre plus grand, que des Sablons
    de Mer,
Et qu'il n'y a d'Espis dedans les iaunes Bletz
Qui sont parmy les champs de Ceres
    assemblez,
Et qu'on ne voyt de pluye et de neige arriuer,
En la froide saison du glacial hyuer.
Or moy (peuple troublé de dueil
    melancholique)
Dy tant que tu voudras que ie te vexe & pique,
Que ie porte nuisance en mettant à l'enuers
Tant de coups, qui seront la nourriture aux vers.
Tant que voudras, dy moy meschante & inutile,
Monstre inhumain, armé de cruauté hostile,
Si est ce que sans moy l'Esprit plus precieux
Que n'est le corps mortel, ne s'en va
    voir les Cieux.
Les Cieux estoient fermez par vne forfaicture
De cest homme premier, ouurage de nature,
Mais ce sainct Redempteur l'ouuerture en a
    faicte
Quand il fut mis en croix par vne gent infaicte.
Or deuant le peché & l'homme transgresseur
Ie n'auoye aucun Dard qui peust estre agresseur

Pour en faire mourir & succomber les hommes
Du funèbre tombeau, comme au temps où nous
    sommes,
Sont ce diuin Sauueur & creature humaine
(O peuple Bterurer) ne m'a dict inhumaine,
Alors que sa bonté & grace tant valut
De mourir en la croix, pour te donner salut,
La diuine bonté iamais ne m'a tancee
Lors que de ses Esleus i'ay la fin auancee,
En faisant mourir d'eulx le corps tant seulement,
Pour faire viure l'Ame au Ciel durablement.
Il est vray que mon dard porte double
    poincture,
Sçauoir douce & amere d mainte creature.
Ceulx qui sont endurcis en fraudes & malices,
Et qui font tout leur Dieu de mondaines
    delices,
Trouuent amere mon dard, à leur Mort
    cognoissans
Qu'a Dieu ils ont esté trop desobeissans,
Mais ceulx qui ont suyui le chemin d'equité,
L'entretien de la paix, douceur, et charité,
Ne trouuent de mon dard la poincture que doulce,
Cognoissant que par moy leur ame au Ciel
    se poulse.
Doncques, O peuple humain, à tort de moy te
    plains

Deploration sur Le trespas

Quand ie fay succomber hommes & vertu pleine,
Puis que par leur vertu qui a tout se descouure,
Le tout puissant lecteur son paradis leur ouure.
Puis que tel as cognu celluy dont ton œil pleure,
Que ne t'asseures tu que son Esprit demeure
En ce diuin seiour qui est promis à ceux
Qui aux sainctes vertus n'ont esté paresseux?
Et si i'ay retenu sé le corps, qui n'est que cendre,
Tu n'en doibs contre moy en querele descendre.
Celluy qui est sans fin, & le commencement,
Ce pere supernel, qui ayme doucement
Les cultures de son nom, auoit l'heure ordonnee
A celluy que tu plains, & sa fin terminee.
Pourtant cesse tes pleurs, tes complaincts et cris,
Ne me menace plus d'iniurieux escrits:
Mais loue le Seigneur, & sa saincte
    ordonnance,
Au deuil auquel ne fault oster de
  . repugnance.

    Quand la maigre Atropos eut prononcé
    tes dicts,
D'une voix veritable, & loing de contredicts
Qui peussent entiter, pour prouuer le contraire,
Le peuple Estranger commence à se distraire
De courroux enflamé, & son deuil appaisant,
Aux propos de la Mort n'est plus contredisant,
Et ainsi appaisé, monstrant meilleur visaige,

Suyt Le corps au Tombeau du deffunct, qui tant sage
Et tant prudent estoit, quand son Esprit lié
Estoit au mortel corps, dont Dieu La deslié,
Et lors non sans regret fut mis en sepulture
Le corps, qui est subiect aux vers et pourriture,
Et son esprit ayant Dieu Cieux fruition,
Attend d'ung plus beau corps La resurrection.

　　Lors que mis au Tombeau fut Le corps
　　　miserable,
Des parnassides Seurs La troupe venerable
Feit graver au Tombeau du trespassé Le nom,
Auecques ses vertus & durable renom,
Calliope, qui est des neuf Seurs La pemiere,
Sur Le Marbrin Tombeau meit ces vers
　　en lumiere:

L'epitaphe de Monseigneur Bouchetel,
　　　par La Muse Calliope.

Celluy qui du Laurier parnassien fut digne,
Et qui auoit L'amour de moy & de mes Seurs,
Ce noble Bouchetel, Le Mecenas insigne
De tous ceux qui aymoient poetiques doulceurs,
La memoire de soy delaisse aux successeurs
Auecques son corps mis en ceste sepulture,
Mais O vous viateurs, soyez certains et seurs
Que son renom n'est pas subiect à pourriture.

Deploration sur le trespas
Melpomené apres ce quatrain composa,
Et dessus le Tombeau par ordre l'apposa

L'epitaphe de mond Seigneur Bouchtel
par la Muse Melpomené.

Soubs vng petit cercueil est la chair inhumee
D'ung seruiteur loyal, c'estoit Jean Bouchtel,
Mais de ses grands vertus ne meurt la
renommee
Qui a ses successeurs le rendent immortel.

Ce quatrain fut escript, adoncques Terpsicore
Grava le Tombeau de ces six vers encore.

L'epitaphe dud Seigneur par la Muse
Terpsicore.

Celluy qui sans cesser de noz honneurs cupid,
Espandoit nostre nom par ce grand vniuers,
Et qui a triomphé sur le Grec Euripid
Translatant en francois ses beaux Tragiques
vers,
Delaisse vng corps mortel au funebre tombeau,
Pour au diuin repos voir vng Regne plus
beau.

Clio tout ensuivant en poétique Mettre
Ainsi de ce defunct les Louanges va mettre.

Epitaphe dudit Seigneur par la
Muse Clio.

Par les mains de Pallas la plume fut taillée
Pour en servir deux Roys de France
heureusement,
Et par elle à celluy Bouchetel fut baillée
Qui par sa Mort au Ciel vit eternellement.

Lors que Clio eut faict ainsi son Epitaphe,
Thalie feit le sien, avec telle ortographe.

L'epitaphe dudict Seigneur par
la Muse Thalie.

Celluy qui par sa plume et par son grand
Scavoir
Feit service à deux Roys, dont la vie est
mortelle,
Heureusement au Ciel le Roy des Roys va
voir
Qui à tous ses esleus donne vie immortelle.

Déploration sur le trespas
Desque Thalie eut mis à son Escrit la fin,
Erato meit ces vers dessus le Marbre fin.

L'epitaphe dud Seigneur par
La Muse Erato.

O Viateur, veux tu scavoir qui gist ici?
C'est le corps d'un qui eut tant de graces
infuses,
C'est le bon Bouchetel, le Seigneur de Saci,
La fleur, le bruict, l'honneur des verins
et des Muses.

Lors que par Erato le Tombeau fut orné,
Son Epitaphe ainsi Euterpe a ordonné.

L'epitaphe dud Seigneur par
La Muse Euterpe.
Celluy qui tant iadis vertu a faict florir,
Laisse son corps mortel au Tombeau
Lamentable,
Helas, c'est Bouchetel, mais son honeur mourir
On ne verra iamais, car il est perdurable.

Euterpe auoit ia mis ces vers portant
L'honeur
Au noble Bouchetel, & Saci le Seigneur,

Alors que Polymnie en son Epneur aussi
Apposa au Tombeau ces quatre vers ici.

L'epitaphe dud Seigneur, par
La Muse Polymnie.

Bouchetel, tu as esté ville bien fort heureuse
D'avoir mis sur la Terre un homme si scauant,
Qui ne meurt par la Mort, la gloire
plantureuse
De sa perfection, le rend aux Cieux Vivant.

Quand ces vers eut escrit la Muse Polymnie,
L'epitaphe dernier fut tel par Uranie:

L'epitaphe dud Seigneur par la
Muse Uranie.
Si vous voulez (Lecteurs) auoir perfection
En ce Monde terrien, où vanité abonde,
A folles voluptez n'ayez affection,
Mais tout cherchez au Ciel le thresor pur
et monde,
Comme ce Bouchetel, quand il vivoit au
Monde,
Qui par son bon Esprit acquit auctorité,
Dont à present tiré hors de la Terre immonde,
Il contemple à loisir les lieux d'Eternité.

Quand ces belles neuf Seurs (dont L'honneur point ne tombe
Se seant Le Lac d'oubly) sur La Marbrine Tombe
Eurent graué ces vers, auec Vn ordre tel
Eternisant Le nom du noble Bouchetel,
Elles sen Dont Doler sur Leur mont de Pernasse
Qui de sublimité Les Nues outrepasse,
Ou sans fin Leur Viendra de ce défunct memoire,
Et de sa progenie ou gist honneur et gloire.

fin.

Des Epigrammes.

A Monseigneur Danançoy, President du grand Conseil.

J'ay esté neuf heures en quelque fois faueur
(Noble Seigneur, prudent et honorable)
Qu'ayez trouué en mes Escrits faueur
Qui sont sacrez à ce Roy venerable,
Mais le Scauoir qui vous rend admirable,
Meritoit bien stile plus doux coulant
Que ci'est le mien, pour s'oeuure perdurable
Magnifier vostre nom excellant.
Si soy ie bien vne monstre vigilant
A honorer par humble obeissance
Vostre Scauoir est Vertu diffissant,
Dont noblement vous auez iouissance,
Combien que i'aye entiere cognoissance
Que vous ayez vn fruict plus sauoureux
De L'Oliuier plein de resiouissance,
Auquel seroit Apollon amoureux.
Quand toutefois de ce fruict bien heureux
De L'Oliuier, qui pres de vous fleuronne,
Vous aurez pris le plaisir plantureux,
Ey luy offrant du Laurier la Couronne,
Qui dignement son front sainct enuironne,

Ie vous supply vn peu baisser voz yeulx
Sur Les Escritz qu'humblement ie vous donne,
Vous souhéttant toute faueur des Cieulx.

A Monseigneur M. Jean Bertrand
Lieutenant Criminel de Paris.

La prophetique Escriture
Ordonne Judicature
D'hommes puissans, non pollus,
Craignans Dieu, Loing d'auarice,
Pour administrer Justice,
Comme estans de Dieu esleus.
Ceste grand Diuinité
Qui est vne en trinité,
Pour L'heur de La Republique
Juge à Paris vous debuoit,
Ou droict aller ou vous voys
Sans gstecher La voye oblique.
Et auec vostre prudence
Joincte à La Jurisprudence
Sont voz sens sont parfaictz,
Vostre grand perfection
Conioinct La Dilection
Des Lettres, et Des Lettrez.
Voyla pourquoy ma Minerue

Vng Los Eternel reserué
Aux excellentes Vertus,
Sont par Vn Don admirable
De Dieu aux bons fauorable
Vous auez Les sens Vestus.

   Pour La grand felicité
De La plus noble Cité
Sont nous apons cognoissance,
Ceux qui Viuent sagement
Desirent fort Longuement
Vous Voir en connalescence.

   De ma part, sachant combien
Merite d'Jpneue et bien
Vostre constance immobile,
Je pry ce Diuin Recteur
Qu'il Vous soit Distributeur
De L'age de La Sibylle.

A Monseigneur de frere General
de Lyon:

Sachant combien ce Thresorier illustre
Du Bourg, cognoist Vostre perfection
D'hommes rassis au rang auoir grand Lustre,
Et cognoissant La grand Dilection
De Voz Deux cueurs par ferme affection,
             E ij

Ne doibt pas ouurer mon escriture
Est donc exquis par admiration
Qu'autz receus par grace de Nature?
  C'est ouy, car si L'architecture
Est grand palais Royaux est belle à voir,
De vostre Esprit (O noble Creature)
En plus grand pris fault La science auoir.
Royaux palais peuuent fin receuoir,
Mais vostre Esprit est d'une vigueur telle,
Que de La Mort L'audacieux pouuoir
N'abolira vostre grace immortelle.

        A Monseigneur Godefroy, Conseiller
        du Roy, au Chastellet de Paris.

            Sonnet.

Si quelquefois La grand maturité
Est Loix & Droicts, ou vostre estat s'applique
Pour L'entretien d'une grand Republique,
Donne repos à vostre auctorité,
  Je vous supply par La benignité
Qui tant vous rend humain et pacifique,
De voir en peu mon oeuure poetique,
C'est Zoroastre ou gist diuinité.
  En Le lisant, s'il vous plaist en gré prendre

L'humilité, Laquelle ie doy rendre
A voz vertus, d'ung cueur obeissant,
Fay bon espoir que vous aurez autre oeuure
Par cy apres, qui puisse et descuenure
Aux successeurs vostre nom florissant.

A Monseigneur Hector Maniquet, Secretaire
de ma Dame La Duchesse de
sainct Pol.

Minerue vn iour visitoit Les fontaines
Que de ses piedz feit Le cheual volant,
Ou Les neuf Seurs, doctes, sainctes, haultaines,
Faisoient chapeaux de Laurier excellant.
Pallas leur dict, O Troupeau vigilant
Incessamment à toute chose bonne,
Ie vous supply que vostre main ordonne
A moy Hector Le Chapeau de hault pris,
Cela fut faict, Ou Laurier La Couronne
Sur vostre front des Lors son siege a pris.

A Monseigneur de Luce, Secretaire de
Monseigneur Le prince de Ferare.

Resusciter il fauldroit Apelles
Pour paindre au vif vostre magnificence,
Ou L'excellant graueur Praxiteles

C iij

Epigramme

Pour à iamais grauer vostre excellence
En Marbre fin, car la supresme Essence
Vous a donné telle perfection
(Tresscher Seigneur) que la mettre en silence,
N'est au Scauoir porter dilection.

A Monseigneur Garnier Parisien,
Receueur des Tailles.

Comme les grains sont gardez au Grenier
Pour des humains estre la nourriture,
En vous ainsi (noble Seigneur Garnier)
Sont constituz plusieurs dons de Nature.
Celle faueur portez à l'Escriture
En reiettant les thresors d'auarice,
Que ceulx qui ont des Lettres l'exercice,
Doibuent trop mieulx grauer qu'en Marbre fin
Les dons diuins, qui sont en vous sans vice,
Et qui par Mort ne peuuent prendre fin.

A Monseigneur de Fontenay Secretaire
Du Roy de Nauarre.

Bien sainctement nous a faict à scauoir
Celluy Caton qui l'Esprit endoctrine,
Qu'en nous de Mort vne image on peut voir,

Si nostre Esprit demeure sans Doctrine.
Celluy qui seul aueugles illumine,
De hault Scauoir vous a tant orné,
Que vous estiez du tout predestiné
A faict fruict d'escriture honorable
En la maison de ce Roy tant bien né
De Nauarroys, d'honneur incomparable.

A Monseigneur Lopin, Conseiller en
La Court de Parlement.

Sonnet.

Comme au matin la rubicond Aurore
Donne splendeur au Monde spacieux,
Comme au Printemps le Soleil gracieux,
De rayons d'Or cest vniuers decore,
   La grand douceur qui les prudens honore
Vostre renom faict voler iusqu'aux Cieux,
Et au Senat vous rend plus precieux
Que l'Argent pur, ne que l'Or fin encore.
   Tels Senateurs que vous, ou grace abonde,
Sont estimez vne perle en ce Monde,
Loing d'auarice, et prés de charité,
   Aussi celluy qui recompensera
Le bien et mal, vostre ame poussera
Au sainct repos du Lieu de Verité.

Epigramme
A Monseigneur Carles, Secretaire de
Monseigneur Le prince de Condé.

Sonnet.

Celluy qui peut toutes choses donner,
Vous a poureu d'une telle sagesse,
D'un tel esprit, d'une telle Largesse,
De tant de dons qui me font m'estonner,
  Que ie ne puis par escrit ordonner
Si hault ydieux, que mettirz sans cesse,
Representant tout acte de Noblesse,
Qui faict par tout Vostre nom résonner.
  Si l'Orateur dont L'Arpine se vente
Vinoit encor, par sa bouche éloquente
Il ne pourroit réciter voz Valeurs,
  Parquoy bien plus on trouueroit estrange.
Si ie pouuois paindre Vostre Louange
(Comme il conuient) de bien visibles couleurs.

A Monseigneur, Francois Charpillet,
Lyonnois.

Comme L'amoureuse Abeille
Du doux Miel qu'elle appareille
Nous donne vn goust sauoureux,

Et comme on arrache les filles
En leurs beaux iardins fertiles
Recueillent l'Or plantureux,
  Ainsi de Vostre clemence
Espand par tout la semence,
Et de Vostre Esprit gentil,
Dont pour Louer voz entites,
Il me faudroit des Charites
Auoir stile plus subtil.
  Si est ce que les neuf Seurs
Qui ont tesmoignages seurs
De Vostre tant noble zele,
Feront poetiques dits
Seuls à voz honneurs dicts
Auec Louange eternelle.

  A monsieur M. Guillaume Oger,
    procureur au Chastellet de Paris.

  Doy ie effacer de silence
De voz graces l'excellence,
O sage et prudent Oger,
Qui exerceant La pratique,
Loing de dol et fraude inique
Faicts les procès iuger?
  Vostre nature n'est telle

Epigrammes.

De checher faulse cautelle,
Et toute déception,
Car selon jurispprudence
Vous monstrez vostre prudence
En vostre vocation.
    Oultre vous aymez les Muses
Qui voz Louanges diffuses,
Et ce qu'autz merité
Par mes vers annonceront,
Et vostre nom laisseront
Aux yeux de postérité.

    A monseigneur L'Enfant, Secretaire de
    monseigneur Le Cardinal de Lorraine.

Sonnet.

Esprit bien né, aux Lettres florissant,
Si autrefois vostre benigne grace,
A pris en gré tous mes sermons d'Horace,
Ou ide aussi voué au Roy puissant,
    Je vous supply, de vostre obeissant
Voir Le Labeur, qui ses autres efface,
Bien humblement il s'offre à vostre face,
C'est vn Labeur d'un Philosophe yssant.
    Long temps y à que debteur ie me sens
A vostre Esprit tant noble entre cinq cens,

Et le Scauoir qui vous monstre honorable,
   Merite bien que ie vous soys donneur
De quelque escrit, qui rendra vostre honeur
Aux successeurs dignement perdurable.

A monseigneur Bertrand Thresorier du Roy.

On dict bien vray que l'œuure est couronné
De bonne fin, pour la fin de mon Liure
J'ay ce petit Epigramme ordonné
En vostre nom digne de tousiours viure:
Car l'Eternel qui ses graces vous liure,
Au rang heureux des hommes non pollus,
Le sainct Nectar qui met l'ame à deliure,
Ia vous prepare auec tous ses Esleus.

Aux Compaignons de l'Imprimerie.

Le boys tortu croissant parmy la vigne
   Duquel Bacchus a esté plantateur,
Et dont on boyt aussi droict qu'une ligne,
Faict parler l'homme ainsi qu'un Orateur.
O mes amys, ie suis vostre debteur,
Pour le trauail que prenez à ceste heure,
Buuez à moy, soulageant le labeur,
Si qu'une goutte en voz potz ne demeure.

Epigrammes.

À monseigneur, Claude de Gvanval,
maistre d'hostel de ma dame la
Duchesse d'Aumale.

Que n'ay ie du Grec Pindare
L'eloquence hiere et rare
Pour mieulx chanter vostre nom,
Cher Seigneur, auquel la grace
Tant de merites ambrace
Par vn Immortel renom?

Que n'ay ie la plume exquise
De Cicéron tant requise
Au facond stile Latin,
Pour, au desir qui me presse,
Chanter de vostre maistresse
La grandeur, soir et matin?

Ou que ne suis ie à Mauni
Auec vous? D'vn cueur vni
Dessoubs la fresche ramee,
Pour escrire la beauté,
La douceur, la priuauté
De ceste Duchesse aymee?

Ie dy de ceste Duchesse
Loise, dont la richesse
Fondee en toute vertu
Monstre l'honneur admirable

De la grace incomparable
Dont son Esprit est vestu.
  Si ay ie bien ceste enuie
Que quelque iour de ma vie
A Mauui vous me voyez,
Et que la sur la verdure
Alors que le printemps dure
Mes ioyeux Sonnetz oyez.
  Ce sont Sonnetz poetiques,
Et sentences heroiques,
Pour tout courroux appaiser,
Ou gist l'honneur de ma Dame,
Dont le nom louent, sans blasme
Contient: Loy de se baiser.
  Ce ne sera sans escrire
Quelque chose, pour bien rire,
Auec tous vez alliez,
De Boyssay tant estimable,
Et ses Houstes honorable
N'y seront point oubliez.
  Tandis celluy qui Domine
Terre et Ciel, et illumine
Les Espris des ignorans
Permette à vostre noblesse
Que vous passiez en Liesse
Du facond Nestor les ans.

Ad Illustrissimum Virum Dominum Voscum Regium, supplicum Libellorum magistrum & viris huiusce tempestatis Illustribus, Doctissimisque oratoribus, et clarissimis Philosophie professoribus, ac Poetis.

Epistola.

Nisi prudens illa ac optimis moribus instituta vetustas, virorum Illustrium memoriam Doctissimis scriptis commendasset, vir ornatissime, Platonis Philosophiam, Marci Tullij inimitabilem phrasim, Titi Livij ubertatem, Demosthenis fulmen in dicendo, atque alios complures gravissimos authores ignoraremus, quorum disciplina multum frugis, multumque ornamenti posteris reliquit, Neque Deus optimus maximus Gallos adeo esse infelices concessit, ut illi clarissimis oratoribus, ac eloquentissimis Philosophie professoribus carerent, Inter quos Guilelmus Budeus à Francisco Galliarum Rege generosissimo educatus, perpetuum nominis sui splendorem posteritati commendavit, adeo claris codicibus in Lucem emissis, ut eorum eruditionem nulla

onquam etas deletura sit: Nunc vero
sub inuictissimo Francorum principe Henrico,
tanti nominis Rhetores, Poetae ac Philosophi
elucescunt, vt antiquioribus cedere nullo
modo debeant. Quo sit honore afficiendus
Illustrissimus ille Gallandius, testatur
magno cum applausu vniuersa Lutetiae
ciuitas, Petrum Ramum, Regium eloquentiae
ac philosophiae professorem ad Coelum
effert eadem vrbs, in qua supremus Regis
Senatus constitutus est. Carpentarius,
gymnasiarcha Burgundianus, eruditissimus
vetustissimum Collegium suum ab omni
Barbarie vindicat, ac admirabili eloquentia
Illustrissimum reddit, Galligneus in Hebraica
Lingua, Graeca, Latináque perfectissimus, quid
sibi aliud nisi apud posteros Immortale decus
pollicetur ? Omitto breuitatis caussa, multos
Senatores doctissimos, qui Iurisprudentiae
humaniores Litteras maximo cum honore,
coniunxerunt, Quod si & aulicis scribere
Licet, cuius existimationis esse debet
Danesius ille Episcopus, Delphini Regis
excellentissimus praeceptor, cuius orationes
Ciceroniane elocutioni non cedunt ? Neque

cuiquam postponendum arbitror eruditissimum
illum virum Hectorem, Lotharingi principis
pædagogum, in quo non solum eloquentiæ
claritas, sed synceræ pietatis studium relucet,
vnde generosissimus princeps optimum iudicium,
maturúmque consilium à teneris annis haurire
affatim possit. Sed cum ij omnes veteribus
eloquentiæ professoribus postponendi non sint,
non video cur et Gallici poetæ antiquis
cedere debeant. Perpetuum splendoris sui
specimen posteris reliquit Clemens Marotus,
Sangelasius, Petrus Ronsardus, Joachinus
Bellaius, Oliuarius Magnius, Maronis
grauitatem, Nasonis eloquentiam, Petrarchæ
inuentionem redolent, Quod si diuinum ingenium
illorum, sacræ scripturæ argumentum sibi aliquando
proponat, ex eorum scriptis fructus Deo
hominibúsque suauis, atque acceptissimus
proditurus est, Te vero, vir optime, quo encomio
efferam qui cum iurisprudentia eloquentiam
coniunxisti? Nulla erit etas quæ virtutum
tuarum splendorem delere possit, Neque
vnquam tua erga me merita ingrato silentio
sum abrogaturus.

Bene vale.